Petra Bartoli y Eckert
Ellen Tsalos-Fürter

Familiengeschichten für 3- bis 6-Jährige

zum Nachdenken, Miteinander-ins-Gespräch-Kommen und Weitermachen

Lektorat: Liliana Wopkes, Forchheim
Titelillustration: © TongRo/TongRo Images/Corbis
Umschlaggestaltung: Ungermeyer, grafische Angelegenheiten, Berlin
Innenlayout & Technische Umsetzung: krauß-verlagsservice, Niederschönenfeld

www.cornelsen.de

1. Auflage, 1. Druck 2016

© 2016 Cornelsen Verlag GmbH, Berlin

Das Werk und seine Teile sind urheberrechtlich geschützt. Jede Nutzung in anderen als den gesetzlich zugelassenen Fällen bedarf deshalb der vorherigen schriftlichen Einwilligung des Verlags. Hinweis zu den §§ 46, 52a UrhG: Weder das Werk noch seine Teile dürfen ohne eine solche Einwilligung eingescannt und in ein Netzwerk eingestellt oder sonst öffentlich zugänglich gemacht werden. Dies gilt auch für Intranets von Schulen und sonstigen Bildungseinrichtungen.

Druck: Beltz Bad Langensalza GmbH

ISBN 978-3-589-15016-8

Vorwort	4
Didaktische Hinweise	5

Das alles kann Familie sein ... 7

Ist doch ganz normal!	8
Mit Papa im Schwimmbad	10
Liliane kennt Jakob und Janie	12
Bei Niklas ist immer etwas los!	14
Das fahrende Zuhause	16
Ein Geschenk für Opa zum Vatertag	18
Mama und Bauchmama	20
Molli ist langweilig	22
Lasse hat einen Glückstag	24
Das Papa-Wochenende	26

In unserer Familie ist was los! ... 28

Das schönste Geburtstagsgeschenk	29
Ein Familienurlaub voller Überraschungen	31
Yannis bestellt einen Familienteller	33
Der Mitbringtag	35
Viktor zieht aus	37
Urlaub bei Oma und Opa	39
Clemens zieht ein	41
Opa wohnt im Himmel	43
Das neue Familienmitglied	45
Tina fühlt sich fremd	47

Freie Impulse ... 49

1. Philosophieren und Fantasieren	50
2. Basteln und Gestalten	54
3. Musik und Gedichte	58
4. Spielen	62

Vorwort

Geschichten sind die schönste Unterhaltung für Kinder. Das allein genügt schon als Daseinsberechtigung. Geschichten können aber noch viel mehr. Kinder lernen daraus; ohne Anstrengung, fast wie nebenbei.
Und am besten dann, wenn eine Geschichte ihre Lebenswelt berührt, wenn sie sich mit Personen und Situationen identifizieren können.
So regt das Unbekannte sie zum Nachdenken und zur Meinungsbildung an. Die Bedeutung der Geschichten für Kinder kann nicht hoch genug geschätzt und ihr Nutzen nicht oft genug betont werden.

Die Familie ist ein Kernthema für Geschichten. Jedes Kind verbindet mit diesem Begriff eine bestimmte Personengruppe und bestimmte Emotionen. Und für jedes Kind ist die Familie von großer Bedeutung. Sie gibt im Normalfall Lebensrahmen vor, ist Rückzugsort, schenkt Liebe und bietet Geborgenheit – unabhängig von ihrer Konstellation. Denn anders als noch vor zwei oder drei Generationen bestehen Familien nicht mehr zwingend aus einem Vater, einer Mutter und den Kindern. Die kindlichen Vorstellungen von einer Familie sind demnach nicht mehr deckungsgleich.

Aus diesem Grund greift das vorliegende Buch unterschiedliche Familienmodelle auf und stellt sie als vielfältige Möglichkeiten nebeneinander, ohne sie zu werten. Die folgenden Geschichten bieten Ihnen Gelegenheiten (für den pädagogischen Alltag in der Kita oder zu Hause), den Kindern verschiedene Familienmodelle vorzustellen und darüber zu reden.

Wir wünschen Ihnen viel Freude dabei.

Ihre

Petra Bartoli y Eckert

und

Ellen Tsalos-Fürter

Didaktische Hinweise

Verschiedene Familienmodelle und unterschiedliche Familienaktionen stehen im Mittelpunkt der nun folgenden Geschichten. Deren Anspruch ist es nicht, die individuellen Erfahrungen eines jeden Kindes in seiner Familie identisch zu spiegeln. Vielmehr sollen die Geschichten den Kindern dazu verhelfen, über ihre Herkunft und ihre Familie, über ihre Lebensrealität nachzudenken sowie unterschiedliche Familienmodelle kennenzulernen. Das Wissen um die familiäre Vielfalt, die sie umgibt, wird den Kindern die Entwicklung von Toleranz und Offenheit ermöglichen.

Wenn Ihnen die Geschichten als Anlässe für Gespräche dienen sollen, beachten Sie bitte Folgendes:

- **Denken Sie an den Grundsatz „Weniger ist mehr"**
  Lesen und besprechen Sie mit den Kindern nicht mehr als eine Geschichte am Tag. So geben Sie ihnen die Gelegenheit, sich mit dem Gehörten auseinanderzusetzen.

- **Seien Sie sich bewusst, dass Ihre Haltung entscheidend ist**
  Bewerten Sie die unterschiedlichen Lebensentwürfe, über die Sie mit den Kindern sprechen, nicht. Bleiben Sie neugierig und sagen Sie es, wenn Sie etwas nicht wissen oder mehr darüber erfahren möchten.

- **Lassen Sie verschiedene Meinungen zu**
  Haben Kinder eine Meinung zu einem bestimmten Familienmodell, betrachten Sie diese nicht als richtig oder falsch, sondern als einen persönlichen Eindruck. Lassen Sie deswegen unterschiedliche Stellungnahmen zu. Sie können eine Meinung jedoch achtsam hinterfragen – indem Sie z. B. nachhaken: „Was wäre, wenn du mit deinen Eltern in einem anderen Land leben würdest? Wie könnte das sein?"

- **Ermöglichen Sie eine kreative Verarbeitung des Gehörten**
  Halten Sie unterschiedliche Materialien bereit, mit deren Hilfe die Kinder das Gehörte zum Thema „Familienvielfalt" kreativ aufarbeiten können – z. B. Puppen und Kuscheltiere oder typische Alltagsgegenstände (Küchenutensilien) für Familienrollenspiele. Manche Kinder verarbeiten ihre Gedanken und Gefühle beim Malen oder Zeichnen. Legen Sie also auch Papier und Stifte griffbereit. Die bemalten Blätter können z. B. an eine Pinnwand im Gruppenraum angeheftet werden.

Didaktische Hinweise

Achten Sie bei der Wahl einer Geschichte darauf, dass die Kinder, die in dem entsprechenden Familienmodell leben, mit der Thematisierung ihres Lebensentwurfes einverstanden sind.

Die nun folgenden zehn Geschichten widmen sich, im ersten Kapitel des Buches, verschiedenen Familienkonstellationen. Kurze Impulsfragen am Ende einer jeden Geschichte sollen die Kinder zum Nachdenken über das Gehörte animieren.

Im zweiten Kapitel finden Sie weitere zehn Geschichten. In deren Mittelpunkt stehen Familienereignisse und Familienaktionen. Die Kinder werden sicher von ähnlichen oder von ganz anderen Traditionen und Erlebnissen berichten können, sodass auch anregende Gespräche entstehen werden.

Freie Impulse zum Thema „Familie", im dritten Kapitel, sollen es den Kindern ermöglichen, sich weiter mit dem Gehörten auseinanderzusetzen, Eindrücke zu intensivieren und sich eine Meinung zu bilden. Die „Familiengeschichten für 3- bis 6-Jährige" können auf diese Weise nicht nur zum Anstoß für konkrete Projekte, sondern auch für nachhaltige Prozesse in der Kita oder zu Hause werden.

Das alles kann Familie sein

Verschiedene Familienmodelle

10 Geschichten

Ist doch ganz normal!

Mia und Luis sind gerade in der Kita angekommen. „Wollen wir zusammen spielen?", fragt Mia. Natürlich möchte Luis spielen! Die beiden gehen sofort in die Kuschelecke. Mia schnappt sich den großen Hund Wuffi mit den Schlappohren aus der Kuscheltierkiste und lässt sich auf ein Kissen plumpsen. „Wir spielen Vater-Mutter-Kind", bestimmt sie. Luis nickt. „Ich spiele die Mutter", sagt er, greift nach der Stoffpuppe aus dem Regal und setzt sich neben Mia. „Das geht nicht. Ich bin die Mutter!", protestiert Mia laut. Luis zuckt mit den Schultern: „Dann sind wir einfach beide Mütter", schlägt er vor.

Mia zeigt Luis einen Vogel. „Zwei Mütter geht doch gar nicht!", empört sie sich. Da merkt Luis, wie es in seinem Bauch anfängt zu blubbern und zu grummeln. Luis kennt das. Es ist Ärger, der sich wie eine Gewitterwolke zusammenbraut. „Natürlich geht das. Ich habe auch zwei Mütter!", zischt er zornig. Mia reißt die Augen auf. „Echt?", wundert sie sich. Dann überlegt sie und meint schließlich: „Du lügst. Das geht nämlich nicht, weil du zu einer Mutter ‚Mama' sagst. Und die andere hätte dann keinen Namen. Oder sagst du zu deiner anderen Mutter ‚Papa'?"

Jetzt muss Luis lachen. So ein Quatsch! „Ich habe eine Mama und eine Mami. Beide sind Mütter. Und zum Muttertag bekommen beide ein Bild von mir", erklärt er. Mia muss wieder nachdenken. Dann nickt sie: „Na gut. Aber ich bin die Mama, die unserem Kind eine Gute-Nacht-Geschichte vorlesen darf. Du kannst ja die Mami sein und darfst das Kind füttern. In Ordnung?" Damit ist Luis einverstanden.

Luis schnappt sich eine leere Schachtel. Sie soll der Suppenteller sein. Luis stellt den Teller auf den Boden und setzt die Stoffpuppe davor. „Können wir auch mitspielen?", fragt plötzlich jemand. Luis hebt den Kopf. Neben der Kuschelecke stehen Noah und seine Freundin Serap.

Luis und Mia tauschen einen schnellen Blick. Dann nicken beide. „Aber ihr könnt nur noch Papa sein. Weil wir schon zwei Mütter haben", meint Luis und rückt ein Stück zur Seite, damit sich Noah und Serap dazusetzen können.

„Dann bin ich der Papa. Weil ich der Junge bin, ist doch klar", behauptet Noah. Serap macht einen Schmollmund. Was soll sie dann sein? „Gar nicht klar!", mischt sich Mia ein. „Serap kann genauso Papa sein. Im Spiel meine ich." Dann schielt sie zu Luis: „Das geht doch, oder? Kann man auch zwei Papas haben? Oder nur zwei Mamas?", fragt sie. Immerhin kennt sich Luis aus. „Zwei Papas geht auch. Du bist der Papa", sagt Luis zu Noah. Dann deutet er auf Serap: „Und du spielst den Papi."

„Ich will aber keinen Papi spielen!", protestiert Serap und dreht sich um. Sie will gerade gehen, da hat Mia eine Idee. „Dann bist du unser Hund", schlägt sie vor und hält Wuffi Schlappohr hoch. Damit ist Serap einverstanden.

„Können wir jetzt endlich mit dem Spielen anfangen?", fragt Luis ungeduldig. Alle nicken. Dann legen sie los.

Impulse zum Nachdenken und Erzählen

- Warum glaubt Mia, dass es nicht geht, zwei Mütter zu haben? Was denkst du darüber?
- Wie nennst du deine Mutter oder deine Mütter und wie deinen Vater oder deine Väter?
- Kennst du auch noch andere Namen für „Mama" und „Papa"?

Mit Papa im Schwimmbad

Juhu, Valentin fährt heute mit Papa ins Schwimmbad! Valentin ist sehr aufgeregt. Im Sommer planscht er mit Papa oft im Badesee, weil der nicht weit weg ist. Dorthin können sie zu Fuß gehen. Valentin findet den Badesee schön. Nur jetzt im Winter kann er dort natürlich nicht planschen. Es ist zu kalt. Deswegen fährt er heute mit Papa zum Schwimmbad. Dorthin müssen sie mit dem Auto fahren. Die Fahrt dauert über eine halbe Stunde. Deshalb hat sich Papa für diesen Ausflug einen Tag freigenommen. Valentin nimmt sich auch frei, Kita-frei. Im Schwimmbad war Valentin bisher nur dreimal mit Mama. Wenn sein Mama-Wochenende war. Sonst wohnt Valentin bei Papa.

Gleich nach dem Frühstück packt Papa ihre Badesachen in eine Tasche. Valentin hilft ihm dabei. Er holt seine Schwimmflügel und die Badeschuhe. Der Wasserball und das Gummikrokodil müssen auch mit. „Gehen wir auch rutschen?", fragt Valentin und hüpft dabei von einem Bein auf das andere. Papa lächelt und nickt. Das wird bestimmt ein Spaß! Papa legt noch zwei Äpfel, eine Banane und zwei Wasserflaschen in die Tasche. Fertig! Es kann endlich losgehen.

Vor dem Schwimmbad finden Valentin und Papa gleich einen Parkplatz. Papa holt die Tasche mit den Badesachen aus dem Kofferraum. Valentin greift nach Papas Hand. Gemeinsam gehen sie zum Eingang. Nachdem Papa die Eintrittskarten gekauft hat, müssen sie durch ein Drehkreuz gehen. Das kann Valentin natürlich schon ganz allein.

In einer großen Halle mit Kacheln an den Wänden sieht sich Papa nach einer passenden Umkleidekabine um. Alle Kabinen sind aber ziemlich eng. Zu eng für Papa und Valentin zusammen. Plötzlich deutet Papa auf ein Schild an einer Tür. „Hier steht, dass das eine Familienumkleide ist. Dort drinnen werden wir genug Platz zum Umziehen haben", meint Papa und möchte die Tür aufstoßen. Valentin sieht sich aber nachdenklich das Schild an. Dann zieht er Papa am Jackenärmel. „Ich glaube, dort dürfen sich aber nur Mamas mit ihren Kindern umziehen", flüstert er und zeigt auf das Schild. Über der Schrift ist ein Bild von einer Frau mit einem Kind an der Hand zu sehen. Papa bleibt ratlos stehen.

Ein Mann in weißer Badehose und im weißen T-Shirt kommt auf sie zu. Das ist bestimmt der Bademeister. „Entschuldigen Sie bitte", spricht Papa den Mann an. „Ist die Familienumkleide nur für Mütter mit Kindern? Oder können sich dort auch Väter mit ihren Kindern umziehen?". Der Mann kratzt sich am Kopf. „Na ja, eigentlich ist sie wirklich nur für Mütter mit Kindern", brummt er.

„Aber dann können Papa und ich uns ja gar nicht gemeinsam umziehen!", ruft Valentin erschrocken. „Dort hinten ist noch eine große Umkleide. Die ist eigentlich für große Gruppen", erklärt der Mann und zeigt auf eine Tür am anderen Ende der Halle. „Wir sind gar keine Gruppe. Wir sind nur Papa und ich", grummelt Valentin. Er findet es ziemlich blöd, dass hier Familienumkleiden nur für Mamas mit Kindern reserviert sind. Dabei sind Papa und er doch auch eine Familie! Papa bedankt sich bei dem Mann und zieht Valentin hinter sich her zur großen Umkleidekabine für Gruppen.

„Ich werde das ansprechen! Das müssen wir ändern. Wir brauchen auch eine Vater-Kind-Umkleide!", ruft der Mann ihnen nach. Valentin dreht sich um und grinst den Mann zufrieden an. Dann schlüpft er hinter Papa in die große Umkleidekabine. Gleich kann es losgehen! Valentin ist blitzschnell umgezogen und freut sich schon aufs Planschen und Rutschen!

Impulse zum Nachdenken und Erzählen

- Papa und Valentin gehen gemeinsam schwimmen. Was findet Valentin im Schwimmbad blöd?
- Worauf freut sich Valentin am meisten?
- Was hat Papa zum Essen in die Badetasche gepackt?

Das alles kann Familie sein

Liliane kennt Jakob und Janie

Liliane geht gerne in die Kita. Dort hat sie viele Freunde. Am meisten mag sie Annika und Sibel. Mit den beiden legt sie Puzzle, malt Bilder und baut in der Bauecke die höchsten Türme der Welt. „Der Morgenkreis fängt an!", ruft gerade Tanja, die Erzieherin. Liliane rückt schnell drei Stühle nebeneinander und lässt sich auf den mittleren Stuhl plumpsen. Dann klopft sie mit den Händen auf die beiden Stühle neben sich: „Annika und Sibel, Annika und Sibel!", ruft sie, damit sich kein anderes Kind darauf setzt.

Tanja wartet, bis alle Kinder sitzen. Dann erklärt sie ihnen: „Heute werden wir ein Lied singen, welches es in vielen Ländern gibt. Das heißt, dieses Lied wird in verschiedenen Sprachen gesungen." Tanja greift nach ihrer Gitarre, zupft einige Saiten, räuspert sich und singt: „Bruder Jakob, Bruder Jakob! Schläfst du noch? Schläfst du noch?" Sofort singen Liliane und Annika mit: „Hörst du nicht die Glocken? Hörst du nicht die Glocken? Ding, dang, dong, ding, dang, dong." Tanja nickt begeistert und lächelt den Kindern zu.

Nachdem das Lied zu Ende ist, fragt sie: „Manche von euch haben nicht mitgesungen. Kennt ihr vielleicht einen anderen Text für dieses Lied, in einer anderen Sprache?" Sibel rutscht unruhig auf ihrem Stuhl hin und her. Dann hebt sie die Hand und sagt: „Bei uns zu Hause singen Mama und Papa „Yakop usta, Yakop usta." Tanja nickt. „Genau, das ist der türkische Text. Danke, Sibel."

„Ich kenne auch noch einen anderen Text", flüstert Liliane Annika ins Ohr. Ihre Freundin schüttelt den Kopf. „Das glaub ich dir nicht! Du hast ja schon bei ‚Bruder Jakob' mitgesungen", zischt Annika. „Mehr als einmal geht nicht", meint sie und dreht sich weg. Liliane springt wütend von ihrem Stuhl auf und stellt sich vor Annika. „Das geht wohl!", schreit sie. Ihre Wangen sind ganz rot, so wütend ist sie plötzlich.

Tanja legt ihre Gitarre beiseite, steht auf und geht neben Liliane in die Hocke. „Warum bist du plötzlich so zornig?", will die Erzieherin wissen. Liliane zeigt mit dem Finger auf Annika und erzählt, was passiert ist. Tanja legt ihr beruhigend eine Hand auf den Rücken und erklärt Annika: „Lilianes Papa ist aus Deutschland. Von ihm kennt sie das Lied „Bruder Jakob" auf Deutsch. Lilianes Mama ist aus Polen. Sie hat wahrscheinlich Liliane das Lied auf Polnisch beigebracht. Stimmts, Liliane?" Liliane nickt zufrieden. Dann setzt sie sich wieder hin.

Annika blinzelt vorsichtig zu ihr hinüber. „Kannst du es mal vorsingen?", fragt Annika leise. Liliane grinst. Sie ist jetzt kein bisschen mehr sauer. „Panie Janie! Panie Janie! Rano wstan! Rano wstan!", singt sie lauthals los. „Klingt schön", freut sich Annika und klatscht in die Hände.

„Kommst du mich heute besuchen?", flüstert Liliane Annika zu. „Vielleicht kocht Mama Pierogi. Das ist Essen aus Polen", erklärt sie. Annika überlegt. „Gibt es dazu auch Knödel und Soße?", will sie wissen. Liliane lacht. „Dazu nicht. Aber vielleicht ein anderes Mal. Bei uns gibt es öfters ein Durcheinander aus Deutsch und Polnisch. Manchmal beim Essen und manchmal beim Sprechen. Das schmeckt lecker oder es klingt lustig", kichert Liliane. Und Annika kichert mit.

Impulse zum Nachdenken und Erzählen

- Welches Lied singen die Kinder in der Geschichte im Morgenkreis?
- Kannst vielleicht auch du das Lied in einer anderen Sprache singen?
- Warum kann Liliane das Lied in zwei Sprachen singen?
- Was ist in Lilianes Familie anders als in Annikas Familie?

Das alles kann Familie sein

Das alles kann Familie sein

Bei Niklas ist immer etwas los!

Vorsichtig drückt Oskar den Klingelknopf neben der Haustür. Heute darf er zum ersten Mal Niklas, seinen Freund aus dem Kindergarten, besuchen. Niklas wohnt auf einem Bauernhof. Mama hat Oskar mit dem Auto hergefahren. Jetzt wartet sie neben Oskar, dass die Tür aufgeht. Eine Frau öffnet. Das ist aber nicht Niklas' Mama! Erschrocken springt Oskar zurück und drückt sich an Mama.

„Hallo! Du bist bestimmt Oskar. Ich bin Niklas' Oma. Komm herein!", sagt die Frau freundlich und hält Oskar die Tür auf. Zögernd winkt Oskar Mama zum Abschied und geht ins Haus. Als er mitten im Flur steht, kommt ein Mann die Treppe herunter. Das ist nicht Niklas' Vater. Den kennt Oskar nämlich, weil er Niklas manchmal vom Kindergarten abholt. Aber wer ist das dann? „Hallo, komm einfach die Treppe hoch!", hört er plötzlich eine helle Stimme. Die kennt Oskar ganz genau. „Niklas!", ruft er erfreut und läuft die Treppe nach oben. Sein Freund steht vor einer offenen Zimmertür und winkt ihn herein. „Das ist mein Zimmer", erklärt Niklas stolz. Auf dem Boden liegen viele Bausteine. Sofort fangen Oskar und Niklas an zu bauen. Zuerst ein Flugzeug, dann ein riesiges Piratenschiff.

„Wollt ihr Kuchen essen?", hören sie plötzlich eine Stimme von unten. „Oma hat heute Apfelkuchen gebacken. Magst du?", fragt Niklas. Oskar merkt plötzlich, dass sein Magen leise knurrt. Er nickt begeistert. Beide springen lachend auf und flitzen nach unten in die Küche. Niklas stürmt als erster durch die Tür. Oskar folgt ihm – und stutzt. In der Küche sind mehrere Erwachsene. „Feiert ihr ein Fest oder so?", flüstert er Niklas zu. So viele Menschen sind bei ihm zu Hause nur, wenn jemand Geburtstag hat. „Quatsch", lacht Niklas und schiebt zwei Stühle zurecht. Zögernd setzt sich Oskar.

Neben Oskar sitzt der Mann von vorhin und lächelt ihn an. „Ich bin Niklas' Opa", stellt er sich vor. Und dort drüben steht ja auch Niklas' Papa! Oskar ist erleichtert. Ihn kennt er. Und da ist auch Niklas' Mama. Sie stellt gerade die Kaffeekanne auf den Tisch. Beide begrüßen Oskar und setzen sich dann zu den anderen. „Meine Oma kennst du ja schon", meint Niklas und zeigt auf die Frau, die vorhin die Tür geöffnet hat. Stimmt. Die Oma schiebt lächelnd ein großes Kuchenstück auf Oskars Teller.

Das alles kann Familie sein

„Wollt ihr nachher mit mir zusammen zur Ziegenweide gehen?", fragt Niklas' Papa. „Ihr könntet mir helfen, den Zaun zu reparieren". Niklas schielt zu Oskar. „Magst du?", fragt er. Oskar nickt. Und ob er mag!

„Bei dir ist ganz schön was los", flüstert Oskar seinem Freund zu, nachdem er ein großes Stück Apfelkuchen hinuntergeschluckt hat. „Stimmt!", grinst Niklas. „Und ich habe auch noch zwei Schwestern! Die sind jetzt nicht zu Hause. Ich mag den Trubel. Nur wenn ich meine Ruhe haben will, nervt er mich." „Bei mir ist es meistens leise. In unserem Haus gibt es ja nur Mama, Papa und mich", sagt Oskar und zuckt mit den Schultern.

Niklas reibt sich nachdenklich die Nase und meint schließlich: „Dann komm doch einfach öfter zu mir – wenn du willst, das was los ist, meine ich." Oskar lacht. „Ja, und du kommst zu mir, wenn du mal deine Ruhe haben willst." Niklas hebt eine Hand hoch und Oskar schlägt ein. „Abgemacht!", rufen beide gleichzeitig und prusten los.

„Wenn ihr mit Lachen und Essen fertig seid", sagt Niklas' Papa lächelnd, „dann marschieren wir los. Der Zaun wartet!"

Impulse zum Nachdenken und Erzählen

○ Weißt du noch, wer genau zu Niklas' Familie gehört?

○ Wer gehört zu deiner Familie?

○ Was meinst du, gehören Omas und Opas auch dann zu deiner Familie, wenn sie nicht im selben Haus mit dir wohnen?

Das fahrende Zuhause

Emma sitzt in ihrem Zimmer auf dem Boden. Vor ihr liegen einige Blätter Papier und Malstifte. Emma hat gerade zwei Bilder gemalt. Den Schneemann mit Hut und Karottennase hat sie Papa schon geschenkt. Und das Bild von ihrem Haus will sie Mama schenken, wenn sie von der Arbeit kommt.

Plötzlich knattert und brummt es draußen. Emma springt auf und läuft zum Fenster. Gegenüber, auf dem großen Platz vor dem Haus stehen drei Wohnwagen, mehrere große Autos und ein bunt bemalter Lastwagen. Na, so was! Vorhin war der Platz noch leer! Neugierig beobachtet Emma das Geschehen. Was dort wohl vor sich geht?

Emma rennt ins Nebenzimmer zu Papa. Er sitzt an seinem Schreibtisch und arbeitet. „Was ist das dort drüben?", fragt Emma stürmisch und zeigt nach draußen. Papa blickt auf. Er ist noch in Gedanken versunken. „Oh!", überrascht sieht er aus dem Fenster, „ich glaube, hier schlägt gerade ein Zirkus sein Winterquartier auf." Er lächelt, wuschelt Emma durchs Haar und vertieft sich wieder in seine Arbeit.

Emma denkt aber nicht daran, wieder in ihr Zimmer zu gehen. Dazu ist sie viel zu aufgeregt. Begeistert hüpft sie auf und ab und zupft schließlich an Papas Ärmel. „Gehen wir auch einmal hin?", fragt sie. Dann flitzt sie ans Fenster und drückt ihre Nase gegen die Scheibe. Papa löst sich seufzend von seiner Arbeit, steht auf und stellt sich neben Emma. „Zirkus Sorokin", liest er laut vor. Das steht auf dem Lastwagen. Papa überlegt kurz: „Weißt du was, wir gehen jetzt gleich hin." Grinsend winkt er Emma hinter sich her zur Garderobe.

Ruckzuck zieht Emma Schuhe und Jacke an und setzt sich die Mütze auf. Sie ist noch vor Papa draußen. Dort wartet sie ungeduldig. Endlich kommt Papa und sie überqueren gemeinsam die Straße. Als sie vor den Wohnwagen stehen, sieht sich Emma staunend um.

„Hallo!", ruft plötzlich eine helle Stimme. Hinter einem Wohnwagen taucht ein blonder Lockenkopf auf. Er gehört einem Mädchen, welches sich jetzt langsam nach vorne schiebt. „Ich bin Varenka", sagt das fremde Mädchen und schaut die beiden neugierig an. „Ich bin Emma. Gehört der Zirkus dir?" fragt Emma gleich. „Der Zirkus ‚Sorokin' gehört meiner Mama und meinem Papa." Varenka klingt ziemlich stolz. „Wir bauen gerade unser Zelt auf. Magst du dir alles einmal ansehen?", fragt sie Emma. Und ob Emma mag! Papa ist einverstanden. „Und ich warte hier auf dich", meint er und setzt sich auf eine Bank.

Varenka führt Emma über den Platz und erzählt: „In dem Wohnwagen dort drüben wohnt mein Onkel Nikolai. Er ist Clown. Daneben wohnt Olga, meine große Schwester. Sie ist Tänzerin. In diesem Wohnwagen hier wohne ich mit Mama und Papa und mit meinem Opa Igor."
„Ihr wohnt immer in einem Wohnwagen und nie in einem Haus?", fragt Emma erstaunt. Varenka nickt.

„Ich war im Sommer mit meinen Eltern auf einem Campingplatz", erinnert sich Emma. „Dort haben wir auch in einem Wohnwagen gewohnt. Oh, dann bist du ja eigentlich immer im Urlaub!" Emma klatscht in die Hände. Varenka schüttelt aber den Kopf: „Nein, ich bin eigentlich immer zu Hause, egal wo ich bin. Wir fahren ja mit unserem Zuhause herum."

„Darf ich jetzt Varenka unser Zuhause zeigen und ihr von unserer Familie erzählen?", fragt Emma Papa nach dem Rundgang. „Das darfst du", meint Papa. „Wenn Varenkas Eltern damit einverstanden sind." Emma hüpft vor Freude auf und ab.

Und morgen, wenn der Zirkus „Sorokin" seine erste Vorstellung gibt, will sie unbedingt dabei sein!

Impulse zum Nachdenken und Erzählen
- Wie lebt Varenka mit ihrer Familie?
- Hast du auch schon für einige Zeit in einem Wohnwagen gelebt?
- Wie wohnst du – und wo wohnst du?

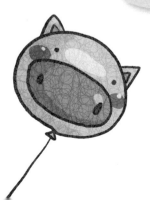

Das alles kann Familie sein

Ein Geschenk für Opa zum Vatertag

Valentina steht vor dem Kita-Werkraum und sieht sich neugierig das Schild an der Tür an. „Was steht da?", fragt sie die Erzieherin Meike, die gerade hineingehen möchte. „Oh, hier steht G E H E I M", buchstabiert Meike und zeigt dabei auf jeden einzelnen Buchstaben. „Dort drin werden wir Geschenke für alle Papas basteln." Sie flüstert: „Was wir genau machen, ist ein Geheimnis – zumindest für die Papas. Bald ist nämlich Vatertag. Komm, ich zeig es dir!" Schon öffnet Meike die Tür und geht hinein.

Valentina geht hinter Meike durch die Tür, bleibt aber gleich dahinter stehen. Sie hat plötzlich ein mulmiges Gefühl im Bauch. Meike steht vor einem Basteltisch und winkt Valentina zu sich: „Komm, ich zeig dir alles." Valentina steht aber nur da und schaut zu Boden. „Was ist los, magst du nicht basteln?", fragt Meike. Sie kommt zurück und hockt sich vor Valentina „Doch, schon," murmelt Valentina, „aber … aber ich habe keinen Papa."

„Ach so", sagt Meike. „Du meinst, dein Papa wohnt nicht zusammen mit dir und deiner Mama?" Valentina schüttelt den Kopf. „Der wohnt so weit weg", meint sie, „dass wir gar nicht wissen, wo das ist." „Aha", sagt Meike. „So weit weg also … hm …" Sie überlegt kurz. „Wir werden eine Box oder eine Schachtel für Schrauben oder Nägel basteln", erzählt sie dann. „Bestimmt müsst ihr zu Hause auch manchmal einen Nagel in die Wand schlagen oder etwas schrauben, oder?" Valentina nickt. „Wer macht das bei euch?" „Mein Opa!", ruft Valentina plötzlich fröhlich. „Mein Opa hat auch unsere Lampen aufgehängt und den Wasserhahn repariert. Mein Opa kann alles!"

Meike lächelt: „Das ist ja toll! Dann können wir eine Schraubenbox für deinen Opa basteln. Was meinst du?" „Au ja!" Jetzt hat Valentina große Lust zum Basteln. „Opa freut sich bestimmt." „Ja, das glaube ich auch", lächelt Meike und steht auf. Aus einem Regal holt sie Papiere in verschiedenen Farben und legt sie auf den Tisch. Valentina sucht sich ein grünes Papier mit weißen Punkten aus. „Ich glaube, grün ist Opas Lieblingsfarbe", sagt sie.

Plötzlich fällt Valentina etwas Wichtiges ein. „Du, Meike?", fragt sie. Meike schaut lächelnd hoch. „Wann soll ich Opa die Schraubenbox schenken? Zum Opatag?" Meike denkt kurz nach: „Ich glaube, der Opatag ist am gleichen Tag wie der Vatertag. Weißt du warum?" Valentina schüttelt den Kopf. „Weil dein Opa auch ein Papa ist. Weißt du, wessen Papa er ist?" „Ja, klar!", sagt Valentina schnell. „Opa ist Mamas Papa."

„Na siehst du!" Meike klatscht einmal in die Hände. „Jetzt kannst du ohne Sorge am Vatertag deinen Opa beschenken." „Ja!", ruft Valentina fröhlich, „und einen Kuss gebe ich ihm auch."

Das alles kann Familie sein

Impulse zum Nachdenken und Erzählen

- Wessen Vater ist Valentinas Opa?
- Kennst du seine Lieblingsfarbe?
- Wie nennst du die Eltern von deinen Eltern? Weißt du auch, wie sie heißen?

Das alles kann Familie sein

Mama und Bauchmama

Malik ist zu Besuch bei seinem Freund Petro. Beide sitzen auf dem Boden vor dem Bücherregal, beugen sich über ein großes Lexikon und bestaunen die bunten Bilder. Nachdem die letzte Seite umgeblättert ist, steht Malik auf und sieht sich die anderen Bücher im Regal an. „Jetzt schauen wir uns dieses Buch an, ja?", meint er uns setzt sich wieder neben Petro. Der grinst: „Das ist kein Buch. Das ist ein Fotoalbum – von früher, als ich noch ein Baby war." „Toll!", ruft Malik begeistert und schlägt die erste Seite auf.

Schon beim ersten Foto muss Malik kichern. „Bist du dieses Baby? Du hast ja keine Zähne! Und du bist nackt …", gluckst er. Petro blättert etwas beleidigt weiter. „Babys haben keine Zähne! Das ist doch normal!", brummt er. Das nächste Foto findet Malik noch lustiger: „Mensch, hattest du aber viele Haare!" Jetzt muss auch Petro lachen. „Ja, aber schau hier erst!", kichert er und zeigt auf das nächste Bild. Darauf ist Petros Mama zu sehen. Sie hält Baby-Petro hoch über ihren Kopf. Beide lachen. Die Babyhaare sind inzwischen so lang und dicht, dass sie Petro gerade vom Kopf abstehen – wie viele kleine Pinsel. Das sieht wirklich sehr lustig aus. Jetzt kugeln sich beide Jungen vor Lachen auf dem Boden.

Das nächste Foto zeigt eine Frau mit sehr dickem Bauch. „Wer ist das?", fragt Malik. „Das ist meine Bauchmama", sagt Petro. „Wer?, fragt Malik verwirrt. „Deine Bauchmama? Was heißt das?" „Meine Bauchmama", erklärt Petro, „ist die Mama, bei der ich im Bauch gewachsen bin. Auf dem Bild bin ich noch in ihrem Bauch, deswegen ist er so dick." „Und deine Mama?", fragt Malik. „Warum bist du nicht in ihrem Bauch gewachsen?" „In Mamas Bauch können keine Kinder wachsen. Deswegen musste ich es in Bauchmamas Bauch tun. Mama hat mich dann kurz nach der Geburt bei meiner Bauchmama abgeholt."

Malik schüttelt überrascht den Kopf: „So was hab ich noch nie gehört!", staunt er. „Für mich", sagt Petro und zuckt mit den Schultern, „ist das ganz normal. Ich bin ein Adoptivkind – so heißt das. Ich wurde von Mama und Papa adoptiert."

Noch nachdenklich blättert Malik zum nächsten Foto. Darauf sind Petro, seine Mama und sein Papa zu sehen. Petro sitzt auf Papas Schultern. Mama versucht, beide gleichzeitig zu umarmen. Alle drei sind fröhlich und lachen. „Adoptiert", murmelt Malik und streicht mit einem Finger über das Foto. „Das bedeutet also, dass deine Mama und dein Papa deine Eltern sind, obwohl du bei einer anderen Mama im Bauch warst." „Genau!", stimmt Petro zu.

Das nächste Bild zeigt Petro beim Eisschlecken. Er ist von oben bis unten mit Schokoladeneis bekleckert. „Das war bestimmt lecker", lacht Malik. „Das wäre jetzt auch lecker!", ruft Petro und springt auf. „Wollen wir meine Mama fragen, ob sie ein Eis für uns hat?" „Au ja!", ruft Malik begeistert. Beide Jungen laufen blitzschnell nach unten zu Petros Mama.

Impulse zum Nachdenken und Erzählen

- Wie hat Petro die Mama genannt, bei der er im Bauch war?
- Weißt du noch, was ein Adoptivkind ist?
- Babys haben keine Zähne. Kennst du noch mehr Unterschiede zwischen dir und einem Baby?

Molli ist langweilig

„Pfffft!" Molli bläst langsam und laut die Luft aus ihren aufgeblasenen Wangen. Schon seit einer Weile liegt sie auf ihrem Bett, streckt die Beine an der Wand hoch und weiß nicht, was sie spielen soll. Ihr ist langweilig. Sehr, sehr langweilig.

Jetzt hat sie aber genug von dieser Langeweile. Noch einmal bläst sie ihre Wangen auf, schwingt die Beine aus dem Bett und steht mit einem letzten lauten „Pffft" auf. Schluss mit der Langeweile! Jetzt wird sie nachsehen, was die anderen machen.

„Die anderen", das sind Mollis Eltern und Geschwister. Molli hat fünf Geschwister – zwei Schwestern und drei Brüder. Zuerst wird sie ihre ältere Schwester Sara besuchen, denkt Molli. Deren Zimmer ist direkt nebenan. Molli klopft an die Tür. „Herein!", hört sie Sara von drinnen rufen. Molli schlüpft ins Zimmer.

Sara sitzt auf dem Bett und lackiert sich die Nägel. Das gefällt Molli. „Ich will auch!", ruft sie und hüpft neben Sara aufs Bett. „Hüpffrosch!", lacht Sara und zerzaust Mollis Haare. Dann lackiert sie Mollis Fingernägel knallrot. „Schön!", freut sich Molli und pustet auf ihre Nägel, damit der Lack schneller trocknet. „Danke, Sara!", ruft sie und hüpft gut gelaunt aus dem Zimmer.

Jetzt geht Molli zum Zimmer ihrer Brüder Tim und Felix. Hier muss sie nicht anklopfen, also steckt sie gleich den Kopf durch die Tür. Tim sitzt an seinem Schreibtisch und macht Hausaufgaben. Felix spielt auf dem Teppich mit den großen Bausteinen.

„Darf ich mitmachen?", fragt Molli und setzt sich zu Felix. Er schaut kurz hoch und nickt. Tim brummt vom Schreibtisch: „Aber spiel ja leise, sonst fliegst du raus! Ich brauche hier Ruhe!" „Ja, ja", flüstert Molli und legt schon den ersten Stein für einen hohen Turm.

Still und vertieft bauen Felix und Molli an ihren Bauwerken. Mollis Turm wächst und wächst. Plötzlich greift Felix nach einem verdeckten Baustein und streift dabei Mollis Turm. Der gerät ins Wanken und kippt mit lautem Getöse um. Molli zuckt zusammen und sieht zu Tim. Der springt auf und ruft: „Ich hab dich gewarnt! Raus hier, aber flott!"

Das alles kann Familie sein

Das alles kann Familie sein

Molli steht wieder allein im Flur und fragt sich, was sie tun soll. Da hört sie von unten fröhliches Gelächter. Dort muss sie hin! Molli saust die Treppe hinunter und geht den Stimmen nach, bis in den Garten. Dort sitzt Mama mit den Zwillingen auf einer Decke. Sie sehen sich Bilderbücher an.

Papa sitzt am Gartentisch und arbeitet am Computer. Mama sieht auf: „Hallo, Molli! Gut, dass du kommst. Ich brauche dich. Möchtest du kurz mit Papa auf die Zwillinge aufpassen? Ich muss noch etwas einkaufen." „Ja, klar." Molli nickt und setzt sich zu den Zwillingen. Manchmal spielt sie sehr gern mit den beiden Kleinen. Nicht immer, aber jetzt hat sie ja Zeit. Mama streichelt Molli über den Rücken: „Danke, Molli. Ich bring uns auch etwas Leckeres mit!"

Molli sieht sich mit den Zwillingen das Tier-Bilderbuch an. Das mögen die beiden ganz besonders. Sie ahmen gerne Tierlaute nach. Also fragt Molli, während sie sich das Bild von einer Katze ansehen: „Wie macht die Katze?" „Miau, miau!", maunzen die Zwillinge. „Und wie macht der Vogel?", fragt Molli und zeigt auf ein Vogel-Bild. „Piep, piep", piepsen die Zwillinge.

Dieses Spiel macht so viel Spaß, dass Molli überrascht aufblickt, als Mama plötzlich vor ihr steht und fröhlich verkündet: „Überraschung! Eis für alle!" „Juhu!", jubelt Molli.

Impulse zum Nachdenken und Erzählen
- Ist dir auch manchmal langweilig? Was machst du dann?
- Molli hat zwei Eltern und fünf Geschwister. Weißt du, aus wie vielen Personen Mollis Familie besteht?
- Wie viele Personen gehören zu deiner Familie?

Lasse hat einen Glückstag

„Uiii, sind wir aber spät dran!" Papa ist in Eile. Er muss pünktlich in der Arbeit sein. Lasse freut sich auf seine Tagesmutter Irmi genauso wie auf seine „Tagesgeschwister" Marco und Feli. Zusammen sind sie eine richtige „Tagesfamilie", findet Lasse. So wie er und Papa auch. Nur das er in der „Papafamilie" das einzige Kind ist. Beeilen kann sich Lasse jetzt aber trotzdem nicht. Dafür ist er noch zu müde.

Also nimmt Papa ihn schwungvoll auf den Arm und setzt ihn im Flur auf die Bank. „Jetzt ziehen wir uns dick an, draußen ist es kalt", sagt er und sucht murmelnd: „Schuhe, Jacke, Mütze, Schal, Handschuhe". Eins nach dem anderen legt er vor Lasse auf den Boden. Langsam zieht Lasse den Schal aus dem Kleiderberg und legt ihn sich um. Bei den anderen Sachen muss Papa helfen. Endlich sind sie fertig. Jetzt kann Papa Lasse zu Irmi fahren.

Als Papa das Auto vor Irmis Haus parkt, ist Lasse immer noch müde. Papa muss ihn zur Tür tragen. Irmi öffnet lächelnd und lässt sie eintreten. Im Haus ist es warm und gemütlich. Und es riecht nach Plätzchen! Plötzlich ist Lasse hellwach. Er rutscht von Papas Arm, setzt sich auf den Boden und zieht seine Schuhe aus.

„Guten Morgen Lasse-Spatz", lacht Irmi. „Riechst du das? Wir haben bereits mit dem Plätzchenbacken angefangen." „Juhu! Plätzchen!", jubelt Lasse und saust schon in Richtung Küche davon – als ihm einfällt, dass er sich noch von Papa verabschieden muss. Also läuft er zurück, stellt sich auf die Zehenspitzen, gibt Papa einen Abschiedskuss und stürmt davon.

Marco und Feli sitzen am Küchentisch und stechen Sterne aus einem dicken gelben Teig aus, als Lasse hereinschlittert. „Ich auch!", ruft er und quetscht sich zu den beiden auf die Bank. „Ja, du auch", lacht Irmi und legt alles für Lasse bereit.

Nach einer Weile sind alle Plätzchen ausgestochen. Die Kinder sehen gerade den letzten beim Backen zu, als sie Irmis Stimme aus dem Wohnzimmer hören: „Schnell, kommt her und seht euch das an!"

Irmi steht vor der Terrassentür und zeigt nach draußen. Neugierig sehen die Kinder hinaus – und können es kaum glauben: Es schneit! Der erste Schnee in diesem Jahr. „Sollen wir nach draußen gehen und Schneeflocken fangen?", fragt Irmi. „Ja, ja, ja!", rufen die Kinder durcheinander und flitzen in den Flur. In Windeseile sind sie angezogen und eilen in den Garten.

Auf dem Gras liegt schon eine dünne Schneeschicht. Feli, Marco und Lasse tanzen durch den Garten und versuchen, so viele Schneeflocken wie möglich zu fangen. Dabei drehen sie sich so lange, bis ihnen schwindelig wird und sie ins Gras fallen. Lasse liegt auf dem Rücken und sieht nach oben. Vor dem graublauen Himmel tanzen unzählige Schneeflocken dicht an dicht durch die Luft. „Oh!", staunt Lasse. Von unten sehen sie alle aus wie ein großer Schneesturm. Das muss er Irmi zeigen. „Irmi, schau mal!", ruft er und zeigt auf den undurchdringlichen Schneeflockentanz. „Sieht das nicht schön aus?", freut sich Irmi.

Alle beobachten eine Weile still die Schneeflockenpracht. Bis Irmi ihre kalten Hände aneinanderreibt und fragt: „Was sagt ihr dazu, wenn wir jetzt ins Warme gehen, Plätzchen essen und heißen Kakao trinken?" „Au ja!" rufen die Kinder und springen auf. Blitzschnell wirbeln sie mit den Schneeflocken um die Wette zur Terrassentür.

Das Ausziehen der vielen dicken Sachen dauert eine Weile. Als alle drei endlich in die Küche stürmen, stehen schon vier dampfende Kakaotassen und ein randvoller Plätzchenteller auf dem Tisch. Lasse trinkt einen großen Schluck Kakao. Dann nimmt er sich ein Plätzchen und beißt herzhaft hinein. Beides schmeckt süß und warm und lecker.

Kurze Zeit später sind die Plätzchen verputzt und die Kakaotassen geleert. Lasse spielt mit Marco „Baustelle". Gerade wollen sie den Kran holen, als es an der Tür klingelt. „Papa!", ruft Lasse und stürzt sich in Papas Arme. „Heute ist mein Glückstag!" „Wie schön", freut sich Papa. „Und warum?" „Na, weil es schneit. Und weil es Plätzchen und Kakao gab! Es ist so schön bei der Irmifamilie!"

Und dann kuschelt sich Lasse an Papa und freut sich trotz allem auf zu Hause.

Das alles kann Familie sein

Impulse zum Nachdenken und Erzählen
- Welche Form stechen die Kinder aus dem Plätzchenteig aus?
- Hast du schon einmal Schneeflocken gefangen?
- Was würde für dich zu einem Glückstag gehören?

Das alles kann Familie sein

Das Papa-Wochenende

Finjas Eltern sind geschieden. Das bedeutet, dass ihr Papa und ihre Mama nicht mehr verheiratet und auch kein Liebespaar mehr sind. Papa wohnt deshalb allein. Ihn besucht Finja regelmäßig – an jedem zweiten Wochenende, von freitags bis sonntags. Und darauf freut sich Finja jedes Mal ganz besonders.

Vor zwei Wochen hat Papa versprochen, an diesem Wochenende mit Finja ins Schwimmbad zu gehen. Finja muss nämlich üben. Schwimmen üben. Schließlich möchte sie unbedingt die Prüfung für das Seepferdchen-Abzeichen bestehen. Heute ist endlich der Papa-Freitag. Finja hat schon ihre Badesachen in den Rucksack gepackt. Den hält sie Papa bei der Begrüßung sofort hin und erklärt: „Alles fertig. Ab ins Schwimmbad!"

Papa lacht, küsst Finja auf die Nase und nimmt ihr den Rucksack ab: „Nicht so hastig", meint er. „Zuerst haben wir einiges zu erledigen. „Och, du hast es aber versprochen!", protestiert Finja. „Ja, und ich werde es auch halten", sagt Papa. „Weißt du aber noch, was wir ausgemacht haben?", fragt er. Finja runzelt die Stirn. Ja, das weiß sie noch. „Ich unternehme sehr gerne etwas mit dir, Finja", hatte Papa gesagt. „Aber wie jede andere Familie, können auch wir beide nicht ständig etwas unternehmen. Wir müssen auch einiges erledigen." So hatten sie ausgemacht, immer zuerst das zu erledigen, was nötig ist – einkaufen gehen, den Haushalt machen, Flöten spielen –, und dann etwas zu unternehmen.

„Jetzt fahren wir zuerst einkaufen", sagt Papa und legt Finjas Rucksack in den Kofferraum. „Und danach essen wir zu Mittag. Das müssen wir, weißt du. Mir knurrt nämlich jetzt schon der Magen – und das müsste deiner eigentlich auch tun", meint Papa schmunzelnd. Finja versucht ihren Magen zu hören. Naja, vielleicht knurrt er ein kleines bisschen. „Außerdem müssen wir auch deswegen essen, weil ich etwas Leckeres gekocht habe." Papa zwinkert Finja zu. Jetzt ist sie ein bisschen neugierig.

„Und schließlich", meint Papa, während sie sich ins Auto setzen, „wolltest du mir eigentlich heute zuallererst dein neues Lied auf der Blockflöte vorspielen – oder nicht?" Oh, das neue Lied! Das hatte Finja ganz vergessen! Und ob sie das Papa vorspielen möchte! Sie muss es vorher ein paarmal üben, dann wird sie es bestimmt sehr gut können.

„Spaghetti!" Finja riecht es schon im Flur. „Mein Lieblingsessen! Ich kann meinen Magen jetzt sehr laut knurren hören!", kichert Finja und möchte gleich in die Küche laufen – als ihr einfällt, was sie mit Papa ausgemacht hat: Schuhe aufräumen, Jacke aufhängen. Nachdem sie die

Einkäufe eingeräumt haben, sitzen Finja und Papa am Esstisch, drehen Spaghetti auf ihre Gabeln und erzählen sich gegenseitig, wie es ihnen in letzter Zeit ergangen ist. Anschließend hilft Finja Papa beim Abräumen und holt dann ihre Flöte.

Sie übt das Stück ein paarmal, und dann klappt es tatsächlich wunderbar. Papa klatscht Beifall. „Prima, Finja! Mama wird sich freuen, wie gut du das jetzt spielen kannst." Dann klatscht Papa noch einmal in die Hände und ruft: „Und jetzt ist es Zeit fürs Schwimmbad!" „Jaa!", jubelt Finja.

In der Umkleidekabine zieht sich Finja blitzschnell um und stellt sich dann unter die Dusche. Brrrr, kalt! Dann geht sie an Papas Hand ins Schwimmerbecken. „Ich habe zwei Überraschungen für dich!" – Finja gluckst vor lauter Vorfreude. Und dann zeigt sie Papa, dass sie viel besser schwimmen kann als noch vor zwei Wochen. „Bravo, Finja!", freut sich Papa. „Und jetzt kommt die zweite Überraschung!", ruft Finja und klettert auf den Beckenrand. „Bleib dort stehen", sagt sie zu Papa, „und schau gut zu!" Und dann springt Finja mit einem Riesensatz ins Wasser, taucht bis fast auf den Boden und kommt prustend wieder hoch. „Finja, du kannst ja tauchen!", ruft Papa. „Überraschung!", lacht Finja. „Ich werde bald das Seepferdchen machen!" „Na wenn das so ist", meint Papa, „können wir beim nächsten Mal schon um die Wette schwimmen!"

Und dann planschen und schwimmen Papa und Finja so lange, bis sie der Abendbrothunger aus dem Wasser treibt.

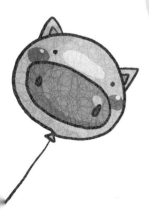

Impulse zum Nachdenken und Erzählen

- Weißt du noch, was Papa und Finja ausgemacht haben?
- Welches Schwimm-Abzeichen möchte Finja bekommen?
- Womit hat Finja Papa im Schwimmbad überrascht?

In unserer Familie ist was los!

Familienereignisse und -aktionen

10 Geschichten

Das schönste Geburtstagsgeschenk

Ida sitzt zwischen Papa und Mama und langweilt sich. Heute ist Uroma Gundis Geburtstagsfest. Fast die ganze Verwandtschaft ist da. Es ist ein großes Familienfest. Aber leider ist Ida noch das einzige Kind unter vielen Erwachsenen. Alle sitzen in Uromas Wohnzimmer und unterhalten sich. Auch Ida sitzt hier – und darf nicht herumhüpfen. Dabei hüpft Ida so gerne. Missmutig baumelt sie mit den Beinen. Da klingelt es und neue Gäste kommen an. Neugierig sieht Ida zur Tür. Oh, es sind ihre Cousinen Lilli und Marie! Hurra!

Ida springt auf und läuft zu ihnen. „Sollen wir spielen?", fragt sie sofort. „Ja, und ich weiß auch schon was!", antwortet Marie bestimmt. Ganz leise erzählt sie: „Wir gehen auf Uromas Dachboden. Ich war schon mal dort. Es ist ein bisschen gruselig, aber auch ziemlich spannend!" Marie grinst. Lilli ist sofort einverstanden. Ida zögert. Gruselige Dachböden findet sie nicht so gut. Aber langweilige Familienfeste gefallen ihr noch weniger. Also nickt sie. Unbemerkt schlüpfen die Mädchen aus dem Wohnzimmer.

Vorsichtig öffnet Marie die Tür zum Dachboden einen Spalt. Sie schlüpft als Erste hindurch. Lilli und Ida folgen ihr. Es dauert ein bisschen, bis sich ihre Augen an das dämmrige Licht im Raum gewöhnen. Dann sehen sie Krimskrams und, in einer Ecke, einen alten Schrank. „Kommt, wir schauen nach, was im Schrank ist", flüstert Lilli und geht voraus. Die Schranktür klemmt. Marie, Lilli und Ida ziehen gleichzeitig daran. Mit einem Ruck geht die Tür schließlich auf. „Nur Kleider", murmelt Lilli enttäuscht.

„Jaa, aber ich glaube, das sind besondere Kleider!", meint Marie nachdenklich. „Das sind doch Uromas alte Tanzkleider!" Jetzt fällt es ihr wieder ein. „Mama hat erzählt, dass Uroma früher getanzt hat. Und dass sie wunderschöne Kleider anhatte." Marie streckt sich, zieht ein Kleid vom Bügel und hält es hoch. Es ist lang und schwarz. Viele, viele glänzende Perlen sind darauf genäht. „Oh, wie schön", flüstert Lilli. Auch unten auf dem Schrankboden liegen Sachen. Ida bückt sich und holt einen Hut heraus. Sie setzt ihn auf – und hat plötzlich eine Idee: „Wir verkleiden uns!", ruft sie begeistert. „Au ja!", rufen Lilli und Marie. „Als tanzende Damen!"

Die Mädchen durchsuchen den Schrank nach den schönsten Sachen. Sie finden einen hauchdünnen, grün schimmernden Schal, weiße Spit-

In unserer Familie ist was los!

zenhandschuhe, noch mehr schöne Kleider, Schuhe und Hüte. Kurze Zeit später stehen drei vornehme Damen in Uromas Speicher …

Plötzlich ruft jemand von unten: „Ida, Lilli, Marie! Wir essen jetzt den Geburtstagskuchen! Kommt ihr?" Ida steckt den Kopf durch die Tür und ruft ganz laut: „Wir kommen!" Dann dreht sie sich zu Marie und Lilli um und flüstert: „Ich habe eine Idee! Wir gehen verkleidet nach unten und überraschen die anderen. Die werden staunen!" Das, finden Marie und Lilli, ist eine wunderbare Idee.

Vorsichtig stöckeln Ida, Lilli und Marie die Treppe hinunter. Aus dem Wohnzimmer erklingt lautes Gelächter. Und plötzlich ist sich Ida nicht mehr sicher, ob ihre Idee so gut war. Vor der geschlossenen Wohnzimmertür bleibt sie stehen. „Und wenn Uroma Gundi böse ist, weil wir nicht gefragt haben?", flüstert sie. Marie und Lilli sehen sie unsicher an. Zeit zum Nachdenken haben sie aber nicht. Die Wohnzimmertür wird aufgerissen. Idas Mama steht vor ihnen. „Du meine Güte!", ruft sie überrascht. Das Gelächter im Wohnzimmer verstummt. Neugierig sehen alle zur Tür.

„Oh, meine alten Tanzkleider!" Verwundert sieht Uroma Gundi die Mädchen an. „Jetzt ist sie böse!", murmelt Ida. Aber nein! Uroma lächelt und sieht nachdenklich aus. „Das waren wunderschöne Jahre, als ich mit Uropa nächtelang getanzt habe", sagt sie und nickt ganz in Gedanken. Und nach einer kleinen Pause winkt sie Marie, Lilli und Ida zu sich und flüstert ihnen zu: „Wie schön, dass ihr mich daran erinnert – ausgerechnet heute! Diese Erinnerung ist mein schönstes Geburtstagsgeschenk!"

Marie, Lilli und Ida setzen sich glücklich neben Uroma Gundi und lassen sich den Kuchen schmecken. Und Uroma erzählt ihnen Geschichten von früher. Als sie mit Uropa getanzt hat.

Impulse zum Nachdenken und Erzählen
- Bei wem findet die große Familienfeier statt?
- Weißt du auch, warum die Feier stattfindet?
- Und warum machen sich Ida, Marie und Lilli Sorgen?

Ein Familienurlaub voller Überraschungen

Paul und Niko stehen mit Mama und Papa am Bahnsteig. Bald wird der Zug kommen, der sie zu Onkel Frank bringen soll. Sie werden dort drei Tage Urlaub machen. „Onkel Frank wohnt in einer sehr großen Stadt. Dort können wir eine Menge erleben", hatte Mama begeistert erzählt.

Paul und Niko sind sehr neugierig – vor allem auf das Kindermuseum. Dort dürfen Kinder beim Gewinnen von Salz helfen! Wie das wohl geht? Am meisten freuen sich Paul und Niko aber auf die riesengroßen Seifenblasen im Museum. „Die werden um euch herum gemacht", erzählt Mama. „Dann steckt jeder von euch in einer Seifenblase!", lacht sie. Und wie funktioniert das? Paul würde am liebsten schon dort sein.

„Achtung! Auf Gleis drei fährt ein der Intercity® 3467 …", hören sie eine knarzige Stimme aus dem Lautsprecher. Leider fährt gerade jetzt auf dem Nebengleis ein Zug laut quietschend los. Er übertönt den Rest der Ansage. Ist der einfahrende Zug nun richtig für sie? Mama meint, die Zugnummer stimmt, dann wird es wohl auch der richtige Zug sein.

In einem Wagen finden sie Plätze um einen Tisch herum. „Oh, wie praktisch!", freut sich Mama. Wir können darauf Spiele spielen und später unsere Brötchen bequem essen." Langsam fährt der Zug los. Paul macht es sich gemütlich und sieht aus dem Fenster. Sie fahren immer schneller durch ihre Stadt. Bald sieht Paul nur noch Felder und Wälder.

Nach einer Weile ist die Zugfahrt nicht mehr so spannend. Sie fahren und fahren. Paul und Niko langweilen sich. Und sie haben Hunger. Papa möchte gerade die Brötchen auspacken, als der Schaffner kommt. „Die Fahrscheine bitte!" Ihre Fahrkarten sieht er sich überrascht an. „Alles in Ordnung?", fragt Mama. „Leider nicht", seufzt der Schaffner. „Sie sitzen im falschen Zug." „Oh nein!", rufen Mama und Papa gleichzeitig. „Dieser Zug wurde an ihrem Einstiegsbahnhof geteilt", erklärt der Schaffner. „Die eine Hälfte fährt zu ihrem Reiseziel. Diese leider nicht. Wurde das nicht angesagt?"

„Wir konnten die Ansage nicht verstehen", erinnert sich Paul. „Ja!", ruft Niko, „der andere Zug ist gerade weggefahren und war laut!" „Tja, und was machen wir jetzt?", fragt Papa. „Sie könnten beim nächsten Halt aussteigen und von dort zurückfahren", rät der Schaffner. Mama und Papa beschließen, diesem Rat zu folgen. Bei der nächsten Haltestelle steigen sie alle aus.

In unserer Familie ist was los!

„Jetzt suchen wir zuerst einen Abfahrtsplan. Dort können wir nachsehen, wann der nächste Zug fährt", bestimmt Mama. „Oje! Erst in zwei Stunden", liest Papa. „Und er fährt nicht direkt bis zu Onkel Frank. Wir müssen umsteigen. Das heißt: Wir werden nicht vor Mitternacht dort sein." „Oh nein!", stöhnt Mama. „Also können wir heute nicht ins Kindermuseum gehen." Paul und Niko sind enttäuscht. Kein Salz und keine Seifenblasen heute! „Vielleicht klappt es morgen", tröstet Mama. „Aber morgen ist doch die Stadtrundfahrt!", erinnert sich Paul. Mama seufzt.

Paul setzt sich auf eine Bank und sieht sich um. An einer Säule klebt ein Plakat. Darauf sind Hühner, Kätzchen, Kühe und Schweine zu sehen. Und mittendrin stehen Kinder. Sie füttern und streicheln die Tiere. Paul zupft Mama am Ärmel: „Was steht auf dem Plakat?", möchte er wissen. „Hier steht ‚Urlaub auf dem Bauernhof' ", liest Mama. „Wann machen wir Urlaub auf dem Bauernhof?", fragt Niko. „Das weiß ich nicht, mein Süßer", sagt Mama müde. „Vielleicht im Sommer?"

„Wie wäre es mit jetzt?", fragt Papa plötzlich. Mama, Niko und Paul sehen Papa erstaunt an. „Hier steht, der Bauernhof ist in der Nähe", sagt er. „Und sie haben freie Ferienwohnungen. Wir können natürlich noch lange herumfahren. Wir können aber auch unsere Pläne ändern. Dann sind wir schon angekommen." Alle sehen immer noch überrascht aus.

„Ankommen!", ruft Niko. Inzwischen findet Mama die Idee gar nicht so schlecht. „Zu Onkel Frank können wir im Sommer fahren", meint sie. Paul ist noch nicht überzeugt. „Machen sie auch im Sommer große Seifenblasen im Museum?", fragt er. „Aber ja!", lächelt Mama. „Im Frühling, im Sommer, im Herbst und im Winter."

„Dann auf zum Bauernhof!" Paul grinst und schnappt sich seinen Rucksack.

Impulse zum Nachdenken und Erzählen
- Wo möchte Pauls Familie zuerst ihren Urlaub verbringen?
- Warum kommen sie dort nicht an?
- Warst du mit deiner Familie im Urlaub? Wo war das?

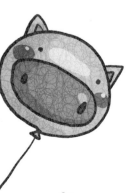

Yannis bestellt einen Familienteller

„Ich will lieber den Dinosaurier-Pullover anziehen!", beschwert sich Yannis. Mit diesem grünen Hemd, das ihm Mama gerade übergestreift hat, ist er nicht einverstanden. „Du weißt, dass der Pullover in der Wäsche ist. Und: Opa wird sich freuen, wenn du an diesem großen Tag etwas Besonderes trägst", sagt Mama und lächelt Yannis an. Das versteht Yannis. Dieses Hemd mag er trotzdem nicht.

„Und jetzt ziehe ich mir auch etwas Schönes an", meint Mama. Sie gibt Yannis einen Kuss. „Oma und Opa kommen gleich. Dann gehen wir los." Heute wird Yannis' ganze Familie im Restaurant essen. Opa feiert nämlich seine Rente. Das bedeutet, Opa wird ab heute nie mehr in die Arbeit gehen. Er hat also jeden Tag frei. Deswegen wird er ganz viel Zeit haben – auch für Yannis. Darüber freut sich Yannis. Und weil sich auch Opa darüber freut, lädt er seine Familie zum Essen ein. Und zwar in ein Restaurant mit einem besonders feinen Essen. Ein solches Essen isst man nicht jeden Tag; deswegen muss man es genießen, sagt Mama. Dieses Restaurant hat auch einen besonderen Namen, findet Yannis. Er kann ihn sich aber nicht merken. Mama sagt, es ist Französisch.

Jetzt sitzt Yannis in seinem Zimmer und ärgert sich. Obwohl er sich eigentlich über die Familienfeier freut. Er freut sich aber nicht über dieses Hemd. Es ist eng. Er mag es nicht. Auch nicht Opa zuliebe. Yannis beschließt, sich umzuziehen. Schnell schlüpft er aus dem Hemd und in den gelben Pullover mit dem Rennauto. In diesem Moment klingelt es an der Haustür. „Opa, Oma!", ruft Yannis und läuft zur Tür. Kurz davor stößt er fast mit Mama zusammen. Sie bleibt überrascht stehen, als sie sieht, dass sich Yannis umgezogen hat. „Na gut, dann eben kein Hemd", seufzt sie und öffnet die Tür.

Im Restaurant möchte Yannis zwischen Opa und Papa sitzen. Der Kellner kommt an ihren Tisch, begrüßt sie höflich und verteilt Speisekarten. „Soll ich dir vorlesen, was es zu essen gibt?", fragt Opa. Yannis nickt. Aber, oje! Schon das erste Gericht hat einen Namen, den Yannis nicht versteht. „Das ist Französisch", erklärt Opa. „Alle Gerichte haben hier französische Namen. Aber keine Sorge, ich werde alles für dich übersetzen. Dann kannst du dir etwas aussuchen."

Es gibt Reis mit Fisch. Yannis mag Reis, aber Fisch nicht. Und dann hat dieser Fisch auch noch einen komischen Namen. Er klingt wie ein Ungeheuer. Den will Yannis bestimmt nicht essen. Es gibt auch Nudeln. Yannis mag Nudeln. Aber zu diesem Gericht gehört auch eine Soße, die Yannis nicht kennt. Und auch ihr Name klingt komisch. Wie ein etwas unheimlicher Zauberspruch. Yannis Laune wird immer schlechter. Er hat Hunger und möchte bestellen. Aber was? Bei jedem Gericht ist etwas dabei, was er nicht essen möchte.

Als der Kellner zurückkommt, um ihre Bestellungen aufzunehmen, ist Yannis immer noch ratlos. Auch Opa kann ihm nicht mehr helfen. Nudeln und Reis mag Yannis. Aber er will auf keinen Fall ein Fischungeheuer essen. Und auch keine Zauberspruchsoße.

Mama und Papa haben schon bestellt. Jetzt ist Yannis an der Reihe. Aber Yannis weiß nicht, was er essen möchte. „Wie wäre es mit einem Familienteller für dich?", fragt ihn der Kellner. „Was ist das?", möchte Yannis wissen. Der Kellner beugt sich zu Yannis und flüstert ihm verschwörerisch etwas ins Ohr. Yannis lächelt und nickt. Der Kellner nimmt Omas und Opas Bestellungen auf, zwinkert Yannis noch einmal zu und geht. „Was hast du bestellt?", fragt Mama neugierig. „Das ist eine geheime Überraschung." Yannis nickt zufrieden.

Und dann kommt das Essen. Der Kellner verteilt einen Teller nach dem anderen. Jedes Mal nennt er den Namen des Gerichtes. Vor Yannis stellt er einen leeren Teller. „Bitte sehr", sagt er mit einem breiten Lächeln. „Der Familienteller für dich." Yannis bedankt sich und lächelt zurück.

„Oh, was ist das?", fragt Mama überrascht. Genauso überrascht sehen auch die anderen aus. Jetzt lüftet Yannis das Geheimnis: „Den Familienteller darf ich ganz allein befüllen." „Und womit?", fragt Papa. „Ich stibitze von euren Tellern das, was mir schmeckt!" Yannis lacht ganz laut, vor allem über die erstaunten Gesichter seiner Familie. Und dann lachen alle gleichzeitig los – und schieben Yannis ihre Teller hin.

Impulse zum Nachdenken und Erzählen

○ Was ist mit dem Familienteller gemeint?

○ Warst du mit deiner Familie in einem Restaurant? Was hast du dort gegessen?

Der Mitbringtag

„Heute ist Mitbringtag im Kindergarten. Denkst du daran?", erinnert Mama Antonia beim Frühstück. Antonia beißt in ihr Marmeladenbrot und nickt. Mama hält dem kleinen Lars den Breilöffel vor den Mund und fragt noch einmal nach: „Hast du schon etwas eingepackt?" Antonia murmelt mit vollem Mund etwas Unverständliches und hüpft vom Stuhl. „Ich bin satt!", ruft sie und schnappt sich ihre Kindergartentasche. Lars streckt seine Arme danach aus. „Nein, das ist meine", lacht Antonia und zieht die Tasche weg. Dann pustet sie übermütig in Lars' Ohr, bis er vor Vergnügen quietscht.

Antonia mag ihren kleinen Bruder sehr. Meistens jedenfalls. Sie spielt gerne mit ihm, sie knuddelt ihn besonders gerne und es macht ihr viel Spaß, beim Spaziergang seinen Kinderwagen zu schieben. Sein lautes Brüllen mag sie aber nicht. Auch seine vollen Windeln nicht, wenn Mama ihr gerade etwas vorliest und deswegen damit aufhören muss. Sie mag auch Lars' Sabber auf ihren Spielsachen nicht. Antonia zieht die Augenbrauen zusammen, wenn sie daran denkt. Aber im Großen und Ganzen hat sie Lars zum Knuddeln gern, denkt Antonia und lächelt ihn an. Dann flüstert sie ihm geheimnisvoll etwas ins Ohr und kichert. Lars lacht.

„Oh, wie spät es schon ist! Wir müssen los!", ruft Mama plötzlich. Schnell nimmt sie Lars das Lätzchen ab und hebt ihn aus dem Stuhl. Im Flur zieht Antonia Jacke und Schuhe an und setzt sich die Mütze auf. Alles kann sie schon ganz allein. In der Zwischenzeit packt Mama Lars warm ein und setzt ihn in den Kinderwagen. Und dann begleiten beide, wie jeden Morgen, Antonia in die Kita.

Im „Kindergarten Regenbogenhaus" geht Antonia sofort mit ihrem Freund Robin in den Gruppenraum. Sie flüstern aufgeregt und kichern. Mama kommt mit Lars nach. „Ach, jetzt hast du doch vergessen, etwas für den Mitbringtag einzupacken!", fällt es Mama ein. Antonia grinst, schüttelt den Kopf und sucht Klaus, ihren Erzieher. „Du hast doch gesagt, dass wir heute etwas mitbringen dürfen, was wir sehr gern haben", sagt sie zu ihm. „Genau! Etwas von zu Hause, was ihr toll findet und den anderen zeigen wollt", lächelt Klaus.

Antonia wirbelt herum, hüpft zum Kinderwagen und schiebt ihn zu Klaus. Laut und deutlich sagt sie: „Ich bringe heute meinen Bruder Lars mit!" „Aber – was?" Mama macht große Augen. „Solltet ihr nicht etwas zum Spielen mitbringen?", fragt sie. „Aber ich spiele doch mit Lars! Also ist er etwas zum Spielen!", ruft Antonia. Sie sieht Klaus an und fragt: „Darf ich heute Lars mitbringen?" Jetzt lacht Mama. „Deswegen hast du also kein Spielzeug eingepackt! Hast du das heimlich so geplant?", wundert sie sich. Antonia lacht und hüpft vor Freude auf und ab. Die Überraschung ist gelungen!

Robin lacht auch. Er kannte Antonias Geheimnis. Und er findet ihre Idee ganz toll. Deswegen verkündet er: „Und beim nächsten Mal bring ich meine Oma mit!" Als er Klaus' überraschten Blick sieht, fragt er etwas unsicher: „Darf ich?" Klaus seufzt: „Zuerst zu Antonia: So war mein Angebot nicht gemeint. Ihr solltet Spielzeug oder Stofftiere mitbringen. Für heute schließen wir aber einen Kompromiss. Vielleicht möchte deine Mama gemeinsam mit Lars beim Morgenkreis mitmachen. – Haben Sie Zeit, Frau Kaiser?", fragt er. Mama überlegt kurz, blickt auf die Uhr und nickt lächelnd. „Hurra!", freut sich Antonia.

„Und was ist mit meiner Oma?" Robin zupft Klaus am Ärmel. Noch bevor dieser antworten kann, ruft Antonia: „Ja! Dann bringst du deine Oma mit und ich wieder Lars! Und wir machen einen Oma-Bruder-Tag!" Klaus sieht Antonia nachdenklich an und sagt: „Das ist eine gute Idee, Antonia! Wir werden einen Familientag in der Kita machen. Dann darf jedes Kind ein Familienmitglied mitbringen." „Jaa!", freuen sich Antonia und Robin.

„Und im Morgenkreis sitzt Lars auf meinem Schoß!", verkündet Antonia. „Schließlich ist er mein Babybruder. Und ich hab ihn mitgebracht!" Voller Vorfreude beugt sie sich zu ihrem Bruder und streichelt ihm ganz sanft über die Wange.

Impulse zum Nachdenken und Erzählen

- Was hat sich Antonia für den Mitbringtag in der Kita überlegt?
- Hast du auch einen Bruder oder eine Schwester? Was magst du an ihnen?

Viktor zieht aus

Viktor reicht es! Er will keine Familie mehr haben! Alle gehen ihm auf die Nerven! Mama nörgelt den ganzen Tag schon. Sie beschwert sich, dass Viktors Zimmer nicht aufgeräumt ist. Also räumt Viktor auf. Anstatt sich zu freuen, ist Mama danach aber fast noch unzufriedener. Sie findet es nicht gut, dass Viktor die vielen Bausteine mit dem Fuß unter sein Bett geschoben hat. Warum ist das nicht gut? Das versteht Viktor nicht. Im Zimmer sieht es doch ordentlicher aus als vorher! Mama erklärt es ihm aber nicht. Sie grummelt nur.

Und Papa: Er hat nie Zeit zum Spielen! Immer muss er arbeiten. Oder den Geschirrspüler reparieren. Greta, Viktors Schwester, ärgert ihn aber fast am meisten: Sie spielt mit Viktors Sachen – ohne zu fragen! Heute auch schon wieder. Jetzt reicht es ihm!

„Ich ziehe aus!", schreit Viktor und stampft einmal auf. Er schnappt sich den grünen Bagger und seinen Teddy Bodo. Mama, Papa und Greta sehen ihn überrascht an. Entschlossen marschiert Viktor zur Terrassentür. Im Garten steht nämlich das rote Spielzelt. Dort wird er einziehen. „Wir würden uns aber freuen, wenn du weiter bei uns wohnst", sagt Mama. Aber Viktor schüttelt entschlossen den Kopf. „Ich will keine Familie mehr haben! Ich wohne ab sofort draußen", schnaubt er und geht.

Noch wütend öffnet Viktor die Plane des Spielzeltes. Drinnen ist es heiß und stickig. Das ist Viktor egal. Er krabbelt hinein und brummt vor sich hin: „Sie werden schon sehen, wie es ohne mich ist! Und ich kann in Ruhe spielen!" Teddy und der Bagger warten schließlich nur darauf. „Bodo, du bist der Baggerführer", sagt Viktor und setzt den Teddy auf das Fahrerhäuschen. „Brumm, brumm!" Viktor schiebt den Bagger hin und her.

Hm. Aber ohne Mama macht das Spiel keinen Spaß. Wenn Mama hier wäre, würde Viktor ihr den Bagger zuschieben. Und sie würde ihn kräftig zurückschicken. Das geht jetzt aber nicht. Viktor wohnt ja im Zelt. Ohne Mama.

Viktor hat keine Lust mehr zu spielen. Was nun? Plötzlich knackt es vor dem Zelt. Huch! Ein Monster? Viktor rutscht unruhig hin und her. Jetzt hört er ein Fauchen. Viktors Herz klopft laut. Wenn nur Greta hier wäre! Greta kennt keine Angst. Sie würde nach draußen gehen und rufen: „He, Monster, verschwinde!" Aber Viktor wohnt nicht mehr mit Greta. Er wohnt allein. Also muss er sich auch allein um das Monster kümmern.

In unserer Familie ist was los!

Zaghaft rutscht Viktor zur Zeltöffnung: „Weg da! Du Monster!", ruft er. Vorsichtig späht er hinaus. „Miau!" Blitzschnell springt ein schwarzes Ungeheuer direkt vor den Zelteingang. Viktor hüpft vor Schreck zurück. Die Zeltplane klappt zu. Jetzt ist es ruhig. Viktor hat Zeit zum Nachdenken. Was soll er tun? Aber – Moment! Was hat das Monster gesagt? „Miau?" „Das ist kein Ungeheuer!", ruft Viktor. „Es ist eine Katze!" Und wenn die Katze schwarz und groß ist, dann ist es … „Peter!" Viktor öffnet die Eingangsplane und späht hinaus.

Tatsächlich. Vor dem Zelt sitzt Peter, die Nachbarskatze, und putzt sich. „Du hast mich ganz schön erschreckt!", sagt Viktor und atmet erleichtert auf. Vor Peter muss er keine Angst haben. Viktor krabbelt aus dem Zelt und streichelt die Katze.

Ein seltsames Geräusch lässt Viktor aufhorchen. Es gluckert und grummelt. Viktor fasst sich an den Bauch. Von dort kommt das Geräusch. Er hat Hunger. „Mist! Und kein Essen dabei", murmelt er. Und dann – Viktor schnuppert – riecht er plötzlich Pfannkuchen. Der Duft weht vom Haus herüber. „Papa kann die besten Pfannkuchen backen", flüstert Viktor bedrückt der Katze zu. Ihm läuft schon das Wasser im Mund zusammen. Aber Viktor wohnt nicht mehr mit Papa. Also gibt es für ihn auch keine Pfannkuchen. Heimlich späht Viktor zum Haus.

Gerade kommt Mama auf die Terrasse. „Viktor?", ruft sie. „Möchtest du wieder bei uns einziehen? Wir vermissen dich", meint sie lächelnd. „Außerdem schmecken die Pfannkuchen ohne dich nicht." Viktor muss nicht lange überlegen. Er springt auf und läuft in Mamas offene Arme. Mamas Umarmung fühlt sich gut an. Viktor ist froh, seine Familie wiederzuhaben.

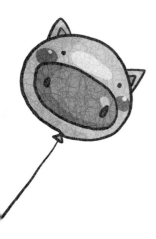

Impulse zum Nachdenken und Erzählen

- Warum will Viktor keine Familie mehr haben?
- Was beschließt er?
- Ärgerst du dich auch manchmal über einzelne Familienmitglieder?
- Was gefällt dir an deiner Familie?

Urlaub bei Oma und Opa

Ole zieht schnaufend seinen Koffer zum Auto. „Warte, ich helfe dir", sagt Papa und hebt den Koffer mit einem Schwung in den Kofferraum. Ole und seine Schwester Ina werden gerade von Oma und Opa abgeholt. Eine Woche dürfen die beiden bei ihren Großeltern verbringen – und darauf freuen sie sich schon lange.

„Los geht die Reise!", ruft Opa und reibt sich die Hände. Mama zieht noch einmal Ina und Ole an sich. „Ich werde euch vermissen, das wisst ihr, nicht wahr?", fragt sie. „Und ich freue mich für euch! Eine Woche bei Oma und Opa ist etwas Besonderes. Genießt die Zeit!" Ole und Ina nicken und verabschieden sich mit Umarmungen und dicken Küssen. Dann hüpfen sie in Papas Arme. Kurz danach kann die Reise beginnen.

Der Urlaub fängt mit Oma und Opa schon im Auto an. Oma kennt nämlich eine Menge Spiele und Lieder, die lustig sind und allen Spaß machen. Jetzt singt sie schon „Mein Hut, der hat drei Ecken". Ole und Ina mögen das Lied und stimmen sofort mit ein. Die eine Stunde Fahrt vergeht wie im Flug. Ina und Ole staunen, als Opa ruft: „Da sind wir, meine Lieben! Bitte alle aussteigen und Spaß haben!"

Omas und Opas Haus riecht gut und vertraut. Und es riecht nach Kuchen! „Ich habe euren Lieblingskuchen gebacken, kurz bevor wir losgefahren sind, um euch abzuholen", erzählt Oma. „Wie wäre es, wenn wir unseren ersten Urlaubstag mit Kakao und Erdbeerkuchen beginnen?", fragt sie lächelnd. „Erdbeerkuchen und Kakao!", rufen Ole und Ina immer wieder im Chor. Oma lacht und holt die Teller aus dem Schrank. „Und wir helfen dir beim Tischdecken!", bestimmt Ole. „Das können wir nämlich richtig gut." Ina nickt entschlossen und krempelt ihre Ärmel hoch.

Kurz danach sitzen alle am Tisch, genießen Omas Kuchen und erzählen. Nach einer Weile fragt Opa: „Was möchtet ihr heute machen?" „Fernsehen!", ruft Ole laut. „Spielplatz!", ruft Ina noch lauter. Opa lacht: „Wisst ihr was, wir machen beides. Zuerst gehen wir zum Spielplatz. Schließlich müssen wir uns die Beine vertreten, nachdem wir heute so viel gesessen sind. Danach essen wir zu Abend und vor dem Schlafengehen sehen wir zusammen fern." Mit diesem Vorschlag sind alle einverstanden.

„Oma?", fragt Ina auf dem Spielplatz. „Kletterst du mit mir auf das Klettergerüst? Dann können wir von oben zusammen die Rutsche hinunterrutschen." „Quatsch!", ruft Ole. „Das schafft Oma doch nicht! Klettern ist zu schwer für sie." Oma sieht Ole gespielt beleidigt an:

In unserer Familie ist was los!

In unserer Familie ist was los!

„Aber natürlich schaffe ich das!" Und schon klettert sie los. Ina jauchzt und flitzt hinterher. Oben setzt sich Oma auf die Rutsche und nimmt Ina auf ihren Schoß. „Los!", ruft Ina begeistert. Aber Oma rutscht nicht. Oma gluckst vor Lachen. „Ina, ich stecke fest! Mein Popo ist wohl zu groß für diese Rutsche." Oma und Ina lachen und kichern. „Ich weiß was!", ruft Ole. Er schubst Oma einmal kräftig von hinten. Das genügt. Schon sausen Oma und Ina die Rutsche hinunter bis vor Opas Füße. Unter Gelächter und Gekicher erzählen sie ihm von Omas Abenteuer.

Abenteuer machen Spaß. Sie machen aber auch hungrig. Deswegen sind Ole und Ina sofort mit Opas Vorschlag einverstanden, jetzt nach Hause zu gehen. Es ist Abendbrotzeit. Auf dem Tisch wartet schon Omas selbst gebackenes Brot, rund und duftend.

„So!", sagt Oma, nachdem alle satt sind. „Jetzt dürft ihr fernsehen." Extra dafür hat Oma Saft und Knabbereien bereitgestellt. Neugierig schauen Ole und Ina in jedes Schälchen. Da sind Apfelschnitzchen, Nüsse und Trockenfrüchte, Knabberstangen und sogar Schokoladenkugeln. „Hm, lecker!", freut sich Ole. „Mama hat kein Tablett für uns, wenn wir fernsehen", seufzt Ina. Oma zwinkert ihr zu. „Tja, bei Oma und Opa ist vieles ganz anders und so manches erlaubt", schmunzelt sie.

Als Ole und Ina später im Bett liegen, kommt Oma noch einmal herein. „Schlaft gut und gesund und kugelrund", flüstert sie. „Oma", murmelt Ina. „Das alles machen wir morgen wieder, oder?" „Oh, wer weiß …", meint Oma. „Morgen hat der Tag vielleicht etwas anderes mit uns vor!" Oma lächelt geheimnisvoll, küsst Ina und dann Ole auf die Nase, deckt sie gut zu und wünscht ihnen besonders schöne Träume.

Impulse zum Nachdenken und Erzählen

- Welches Lied singen Ina und Ole mit Oma im Auto?
- Was möchte Ole nach dem Kuchenessen unternehmen? Und was will Ina machen?
- Warst auch du einmal bei Oma und Opa im Urlaub?

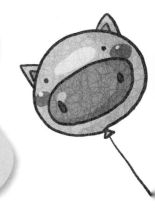

Clemens zieht ein

Lotte sitzt am Küchentisch vor ihrem Puzzle. Heute will und will es nicht klappen. Lotte kommt nicht voran. Vor Ungeduld wackelt sie hin und her auf dem Stuhl. Sie hat schon fast keine Lust mehr, als sie die Haustür hört. „Hallo!", ruft eine Männerstimme. Das ist Clemens! Vielleicht kann er helfen.

Clemens ist Mamas Freund. Lottes Papa wohnt jetzt allein, weil er und Mama kein Liebespaar mehr sind. Seit einiger Zeit liebt Mama einen anderen Mann: Clemens. Er ist oft bei ihnen, so wie heute. Lotte mag Clemens. Er ist geduldig und lustig und kann gut helfen. „Hallo Lotte! Du puzzelst?" „Jetzt nicht mehr", sagt Lotte etwas mürrisch. „Heute klappt es nicht." „Das tut mir leid", bedauert Clemens und legt seine Jacke ab. „Wo ist Mama?" „Im Keller. Wäsche aufhängen", brummt Lotte, während sie gedankenverloren mit einem Puzzlestück spielt.

Clemens beobachtet Lotte ein Weilchen schweigend, dann setzt er sich zu ihr an den Tisch. „Wenn du möchtest, helfe ich dir", sagt er und zeigt auf das angefangene Puzzle. Lotte nickt. Dann zeigt sie Clemens, was sie bislang geschafft hat und welche Teilchen sie nicht finden kann. „Deswegen geht es nicht weiter", berichtet sie. Clemens sucht mit. „Du hast recht. Drei Teilchen fehlen. Ich fürchte, sie sind verloren gegangen", meint er bedauernd. Lotte lässt sich traurig vom Stuhl gleiten. Kaum sitzt sie auf dem Boden, sieht sie drei kleine, bunte Puzzleteilchen, halb unter dem Teppich versteckt. „Da sind sie! Ich habe sie!", ruft sie glücklich.

In diese Moment kommt Mama mit einem vollen Wäschekorb aus dem Keller. „Oh, wie schön, dass du schon hier bist!", freut sie sich, als sie Clemens sieht. „Dann können wir anfangen." Mama, Lotte und Clemens wollen heute eine Pizza backen. Und sie danach gemeinsam essen, klar. Bevor sie anfangen, beendet Lotte schwungvoll das Puzzle. Zufrieden lächelt sie Clemens an.

Als später die Pizza im Ofen brutzelt, sitzen Lotte, Mama und Clemens am Küchentisch und schneiden Gurken und Tomaten für den Salat. „Mit Clemens macht es Spaß zu puzzeln! Und Pizza zu backen", sagt Lotte plötzlich. „Möchtest du morgen wieder kommen und mit mir puzzeln und Pizza backen?", fragt sie. „Wir können die Pizza ganz anders belegen als heute. Dann schmeckt sie auch anders." „Morgen bin ich leider nicht hier", sagt Clemens. „Ich muss beruflich für drei Tage wegfahren." Lotte sieht ein bisschen enttäuscht aus. Sie hatte es sich so schön vorgestellt. In ihrem Zimmer hat sie nämlich ein nagelneues, riesengroßes Puzzle. Bei dieser Riesenaufgabe hätte sie Clemens gerne dabei.

In unserer Familie ist was los!

„Tja", sagt Mama. „Aber Clemens ist nur für drei Tage weg. Dann kommt er wieder." „Und dann kommst du gleich zu uns?", fragt Lotte. „Wenn ich es kann, ja", meint Clemens lächelnd. „Weißt du, Lotte", sagt Mama plötzlich, „Clemens könnte auch ganz bei uns wohnen." Lotte sieht Mama überrascht an. „Und zu uns gehören?", fragt sie. Mama und Clemens nicken. Lotte möchte vor Freude gleich hochspringen. Das wäre schön! Aber dann fällt ihr etwas ein. „Und was ist mit Papa?", fragt sie zögerlich. Lotte liebt ihren Papa. Wird er traurig sein, wenn Lotte jetzt Clemens hat?

„Lotte, meine Süße", sagt Mama und nimmt Lotte auf den Schoß. „Mit Papa bleibt alles so, wie es jetzt ist. Du besuchst ihn regelmäßig, er besucht dich regelmäßig. Ihr unternehmt gemeinsam Schönes und Spannendes. Dein Papa wird immer für dich da sein. Und du wirst immer Zeit für ihn haben. Außerdem", fällt Mama ein, „kennt Papa doch Clemens! Er wird ganz genau wissen, wen wir zwei hier aufnehmen." Stimmt! Das hatte Lotte vergessen. Papa und Clemens kennen sich schon. „Ja!", ruft Lotte zufrieden. „Klar soll Clemens hier einziehen!"

„Die Pizza!" Clemens springt auf. Mit einem Satz ist er beim Backofen. Keiner von ihnen hat während des Gespräches an die brutzelnde Pizza gedacht. „Vielleicht müssen wir sofort und nicht erst in drei Tagen noch eine Pizza backen", sagt er und öffnet den Backofen. Mama und Lotte springen auf. Zuerst quillt heißer Dampf durch die geöffnete Tür. Und dann, knusprig und bunt, lacht sie ihre ganz und gar fertige und kein bisschen angebrannte Pizza an.

Impulse zum Nachdenken und Erzählen

- Warum kann Lotte ihr Puzzel nicht beenden?
- Wer wird bald bei Mama und Lotte einziehen?
- Hast du schon einmal eine Pizza selbst gemacht?

Opa wohnt im Himmel

Mama telefoniert mit Oma und weint. Viola hat Mama noch nie weinen gesehen. „Opa ist gestorben", sagt Mama, nachdem sie aufgelegt hat. Und dann muss sie wieder weinen. „Was heißt das?", fragt Viola beunruhigt. „Dass Opa nicht mehr bei uns ist", erklärt es ihr Papa. „Er war sehr alt und konnte deswegen nicht mehr weiterleben." Das versteht Viola nicht. „Und wo ist er jetzt?" Mama nimmt Viola auf den Schoß und zeigt nach oben: „Er ist im Himmel." Viola überlegt. Dann fällt ihr noch etwas ein: „Kommt er wieder?" Mama schüttelt den Kopf. „Nein, mein Schätzchen. Das ist das Traurige am Tod. Deswegen muss ich weinen: Wer gestorben ist, kommt nicht wieder."

Das geht doch nicht! Wie kann Opa plötzlich nicht mehr da sein? „Er hat sich nicht verabschiedet!", fällt es Viola ein. „Dazu blieb ihm leider keine Zeit." Mama rollt eine Träne über die Wange. „Er ist zu plötzlich gestorben. Ansonsten hätte er sich bestimmt von uns allen verabschiedet." Papa hockt sich vor Mama und Viola. „Dafür können wir uns von ihm verabschieden", meint er. „In ein paar Tagen wird die Beerdigung sein. Dann werden wir uns alle versammeln, von ihm Abschied nehmen und an ihn denken. Dort können wir gemeinsam mit unseren Verwandten und mit Opas Freunden traurig darüber sein, dass er nicht mehr da ist – und dankbar dafür, dass er uns so lange begleitet hat."

Bei der Beerdigung ist die ganze Oma- und Opafamilie da: Violas Cousins und Cousinen, ihre Tanten und Onkel, Großtanten und Großonkel. Sie sind von überallher gekommen, um sich von Opa zu verabschieden. Auch Nachbarn und Opas Freunde sind hier. Und alle sind traurig. Viola hat noch nie so viele Erwachsene weinen sehen. Nach der Beerdigung treffen sich alle bei Oma im Garten. Zu Violas Überraschung wird auf einmal viel gelacht.

„Warum lacht Tante Barbara, Mama?", fragt Viola. „Ist sie nicht traurig, dass Opa nicht mehr da ist?" Mama sieht hinüber zu ihrer Schwester. „Oh doch, mein Schätzchen, Tante Barbara ist sehr traurig. Aber wir sind heute nicht nur hier, um Opa zu verabschieden, sondern auch, um uns gemeinsam an ihn zu erinnern. Und in Opas Leben gab es viel zu lachen. Wenn wir uns also an ihn erinnern, geht es gar nicht anders – wir müssen lachen." Ja, das kennt Viola. Auch sie hat viel mit Opa gelacht. Als sie neulich das Planschbecken aufgestellt haben, hatten sie so viel Spaß! Opa hat sich mit Viola hineingesetzt! Dabei hatten sie zu zweit kaum Platz darin. Viola kichert leise. „Dir ist sicher auch eine lustige Opa-

In unserer Familie ist was los!

Geschichte eingefallen, richtig?", schmunzelt Mama. „Genauso geht es auch Tante Barbara und allen anderen hier."

Viola möchte sich die Geschichten anhören, die erzählt werden. Die Gäste sitzen im Garten um den Tisch. Viola setzt sich daneben ins Gras und hört still zu. Es ist ein schöner Sommertag. Mit Opa hätte sie jetzt bestimmt das Planschbecken aufgestellt, denkt Viola. Und dann sieht sie etwas im Gras glitzern. Es ist ein kleiner Stein. Ein wunderschöner kleiner Stein. Ein Sonnenstrahl hat ihn gerade getroffen, ansonsten hätte Viola ihn vielleicht nicht gesehen. Auf einmal hat er aber geblinkt. Viola hebt ihn auf und sieht ihn genau an. „Das ist ein Geschenk von Opa", flüstert sie. „Nur für mich."

Viel später liegt Viola im Bett. In ihrer Hand ist der kleine, glitzernde Stein. „Oh, wie schön!", staunt Mama, als sie ihn sieht. „Ich habe ihn noch nie gesehen. Hast du ihn schon länger?" Viola schüttelt den Kopf. „Das ist ein Geschenk", erzählt sie. „Von Opa. Heute bekommen." Mama sieht Viola überrascht an: „Heute? Aber wie?" „Opa hat mir geholfen, ihn zu finden. Im Garten. Nur ich habe ihn gesehen. Sonst niemand." Mama lächelt. „Oh, Schätzchen, wie schön! Das ist ein kostbares Geschenk!"

„Weißt du, Opa hat Steine sehr gemocht", erzählt Mama. „Als er jünger war, hat er von jeder Wanderung und aus jedem Urlaub einen besonderen Stein mitgebracht. Einmal haben Oma und er fast ihr Flugzeug verpasst, weil Opa den einen Stein, den er mitnehmen wollte, nicht finden konnte." „Und wo war er?", fragt Viola. „Gut aufgehoben in Opas Jackentasche." Mama lacht.

„Und jetzt hat er mir einen Stein geschenkt", sagt Viola. „Ja", lächelt Mama, „einen Stein, der dich an ihn erinnern soll."

Impulse zum Nachdenken und Erzählen

- Warst du schon einmal sehr traurig? Oder kennst du jemanden, der sehr traurig war?
- Denkst du, dass es gut ist, ein Erinnerungsstück an jemanden zu haben, der gestorben ist?

Das neue Familienmitglied

Endlich ist es so weit! „Heute holen wir unseren Hund!" Timo hüpft und springt die Treppe hinunter. Mama deckt gerade den Frühstückstisch und lacht, als sie Timo hört. „Ja, aber zuerst frühstücken wir. Hol bitte Papa." Timo mag kaum etwas essen. Zu zappelig ist er. Und zu aufgeregt. Zum Glück muss er nicht mehr lange warten. Kurz nach dem Frühstück sitzt die Familie im Auto.

Der kleine Hund wohnt noch beim Hundezüchter. Weil er jetzt alt genug ist, dürfen Timo und seine Eltern ihn abholen. „Hast du dir schon einen Namen für ihn überlegt?", fragt Papa im Auto. „Ja, Poldi", sagt Timo. „Poldi Rohrstetter! Schließlich gehört er zu unserer Familie!" Als Familienmitglied darf Poldi nicht nur den Familiennamen tragen, meint Timo. Er darf auch eine Menge mitmachen. Zum Beispiel im Bobbycar®-Anhänger mitfahren. Oder um die Wette rennen und Verstecken spielen. Und abends soll er neben Timos Bett liegen. Dann können sie sich zusammen Mamas Gutenachtgeschichten anhören. „Wir sind da!" Mama bremst und fährt in die Einfahrt des Hundezüchters ein. Jetzt ist Timo aufgeregt. Hoffentlich möchte Poldi mitkommen! Ob ihn der kleine Hund wiedererkennt?

Poldi wartet schon auf sie. Begeistert schleckt er jede Hand, die ihn streichelt. Als er Timo sieht, springt an ihm hoch. „Er hat mich erkannt!", ruft Timo. „Papa, hast du gesehen?" Papa nickt lachend und geht in die Hocke. So kann er den Winzling besser streicheln. Und dann darf Timo Poldi zum Auto tragen. Dort warten eine Hundebox, eine kuschelige Decke und sogar Hundespielzeug auf den kleinen Hund.

Timo ist ein bisschen enttäuscht, dass Poldi während der Fahrt nicht auf seinem Schoß sitzen darf. Der kleine Hund muss in der Hundebox liegen. Damit ihm beim Bremsen nichts passiert. Deswegen freut sich Timo umso mehr auf später. Dann wird er ganz lange mit Poldi spielen.

Zu Hause geht Timo mit Poldi sofort in sein Zimmer. „Jetzt spielen wir Baustelle!", bestimmt Timo. „Hast du Lust? Du kannst in der großen Baggerschaufel sitzen." Aber Poldi möchte nicht in der Baggerschaufel sitzen. Er liegt lieber auf dem Teppich. Und er sieht ein bisschen traurig aus, findet Timo. Deswegen fragt er ihn besorgt: „Was hast du? Bist du krank?" Poldi schleckt Timos Finger. „Mama!", ruft Timo aufgeregt. „Poldi will nicht spielen! Er ist krank!"

In unserer Familie ist was los!

Mama kommt und setzt sich neben Poldi. „Ich glaube, wir müssen Poldi ein bisschen Zeit zum Eingewöhnen geben", sagt sie. „Weißt du, für ihn ist alles neu und aufregend. Das macht ihm vielleicht ein bisschen Angst. Außerdem braucht ein so klitzekleiner Hund viel Schlaf. Und vor Aufregung hat er im Auto nicht geschlafen." Mama streichelt das winzige Fellknäuel auf dem Teppich. „Weißt du was? Du trägst Poldi in seine Box. Papa hat sie in die Küche gestellt. Während wir kochen, streichelst du Poldi. Dann fühlt er sich geborgen und gewöhnt sich leichter an uns."

Nach dem Mittagessen geht Mama in den Keller, um das Hundefutter zu holen. Poldi hat inzwischen geschlafen. Jetzt ist er ein bisschen unternehmungslustiger als vorhin. Neugierig schnuppert er in der Küche herum. Timo füllt den Wassernapf und wartet auf Mama. Er möchte unbedingt Poldi beim Fressen zusehen.

Als Mama den Fressnapf hinstellt, kommt Poldi neugierig und schwanzwedelnd. Dann schnuppert er am Futter, sieht kurz zu Timo hoch – und legt sich hin. „Aber nein!", ruft Timo. „Du sollst jetzt fressen nicht schlafen!" Mama seufzt. „Ich glaube, Poldi hat keinen Hunger. Er möchte wahrscheinlich noch ein bisschen Ruhe haben. Und sicher noch ein paar Streicheleinheiten von dir."

Timo weicht den ganzen Tag nicht von Poldis Box. Er erzählt ihm Geschichten und streichelt ihn. Und dann, kurz vor dem Abendbrot krabbelt Poldi auf Timos Schoß. Dort dreht er sich zweimal im Kreis und macht es sich dann mit einem Seufzer gemütlich. „Mama, schau mal!", ruft Timo. Mama lächelt erleichtert: „Es sieht so aus, als würde sich unser Fellknäuel langsam bei uns wohlfühlen."

Impulse zum Nachdenken und Erzählen

- Wünscht du dir ein Haustier? Oder hast du vielleicht schon eines?
- Was tut Timo, damit sich Poldi bei ihnen wohlfühlt?

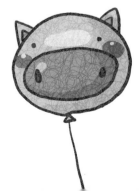

Tina fühlt sich fremd

Tina packt in Windeseile ihren Rucksack. Sie fährt heute mit Mama zu Lore. Lore ist Mamas neue Freundin. „Stell dir vor", hatte Mama erzählt, „Lore hat ein riesengroßes Schwimmbecken im Garten." Tina musste große Augen machen. „Ganz für sich allein?", fragte sie. „Ja, fast", schmunzelte Mama. „Lore teilt es sich nur mit ihrer Tochter Karla." Jetzt hüpft Tina vor Freude auf und ab: „Darf ich mit Karla im Wasser spielen?" Mama nickt. „Karla ist drei Jahre älter als du und kann sehr gut schwimmen", sagt sie. „Ich bin aber sicher, dass sie auch gerne mit dir planscht."

Ein paar Stunden später steht Tina staunend vor Lores Haus. Wie groß es ist! Und wie viele Blumen und Bäume und Büsche überall sind! Dahinter ist bestimmt der Garten. Und das Schwimmbecken. Noch bevor sie an der Haustür klingeln, öffnet Lore das Gartentor und ruft: „Hallo! Wir sind schon im Garten, kommt hier herein!"

Lore umarmt Mama und geht vor Tina in die Hocke: „Ich bin Lore. Und du bist sicher Tina." Tina nickt. „Meine Tochter Karla freut sich schon auf dich. Dort drüben ist sie." Lore zeigt nach hinten. Jetzt kann Tina das Schwimmbecken sehen. Ein Mädchen springt gerade ins Wasser und schwimmt bis zum Beckenrand. Das muss Karla sein. Als sie die Besucherinnen sieht, klettert Karla aus dem Wasser und kommt auf sie zugelaufen. „Hallo, Tina!", sagt sie. „Komm, ich zeig dir alles!" Und noch bevor Tina etwas sagen kann, zieht Karla sie mit sich.

Der Pool glitzert hellblau in der Sonne. Tina muss blinzeln. „Dort drüben kannst du dich ausziehen." Karla zeigt ihre einige Liegen. „Ich habe eine Luftmatratze für dich aufgepumpt. Die kannst du mit ins Wasser nehmen, wenn du willst. Ach ja, und den Wasserball habe ich auch für dich hingelegt – gefällt er dir?" Karla wirbelt um Tina herum, zeigt ihr hier etwas und dort etwas. Tina ist ein bisschen verwirrt. So viel Neues auf einmal. Und so schnell. Jetzt hat Karla aber alles gezeigt und gesagt, was sie zeigen und sagen wollte. Sie wartet, dass auch Tina etwas sagt. Tina schweigt aber. „Weißt du was?", fragt Karla dann. „Ich warte im Wasser auf dich, ja?" Und schon ist sie weg.

Was für ein Wirbelwind! Tina steht unsicher am Beckenrand. Was soll sie zuerst tun? Vielleicht den Badeanzug anziehen. Tina nimmt den Rucksack ab und holt alles heraus. Sie wühlt und sucht. Der Badeanzug ist aber nicht dabei. Auch die Schwimmflügel fehlen. Ohne Schwimmflügel darf Tina aber nicht ins Wasser gehen. Sie kann nämlich erst ein bisschen schwimmen. Vielleicht hat Mama den Badeanzug und die Schwimmflügel eingesteckt. Hoffentlich auch den lustigen gelben

Das alles kann Familie sein

Schwimmring! Ohne ihn möchte Tina nicht ins Wasser gehen. Vor allem aber möchte sie nicht ohne Mama ins Wasser gehen. Wo bleibt sie nur? Tina sieht sich um.

Karla planscht, prustet und lacht im Wasser. Dort drüben ist Mama! Sie unterhält sich immer noch mit Lore – am anderen Ende des Gartens. Tina würde am liebsten zu ihr laufen. Aber dann meint Karla vielleicht, dass sie nicht mit ihr spielen möchte. Ach, verflixt! Warum ist alles so kompliziert? „Kommst du?", ruft Karla aus dem Wasser. Aber Tina kommt nicht. Sie setzt sich ins Gras und muss weinen.

„Tina, was ist los?" Plötzlich ist Mama da. Was genau los ist, kann Tina nicht sagen. Mama setzt sich auf eine Liege und nimmt Tina auf den Schoß. „Hast du dich ein bisschen einsam gefühlt?", fragt Mama. Ja, das glaubt Tina schon. „Und ein bisschen fremd?" Tina kuschelt sich an Mama und nickt.

Karla kommt tropfnass aus dem Wasser gelaufen. „Es tut mir leid. Ich hätte dich nicht allein lassen sollen", entschuldigt sie sich. Rasch pflückt sie ein Gänseblümchen und schenkt es Tina. Noch einmal muss Tina schluchzen, aber dann lächelt sie Karla an. So ein schönes Gänseblümchen!

„Wisst ihr was?" Lore setzt sich auf eine Liege. „Wie wäre es, wenn wir zuerst alle ein Eis essen? Auf dem Tisch stehen auch leckere Getränke. Danach können wir nach Herzenslust planschen und schwimmen. Was meint ihr?" Tina ist damit einverstanden. Ganz besonders einverstanden!

Impulse zum Nachdenken und Erzählen

- Was hat Karla für Tina vorbereitet?
- Hast du dich auch schon irgendwo fremd gefühlt?

Freie Impulse

Philosophieren, basteln, singen und spielen rund um das Thema „Familie"

Philosophieren und Fantasieren

Meine Familie – deine Familie

Kinder finden es spannend, die Familien ihrer Freunde kennenzulernen. Gleichzeitig sind die meisten stolz auf ihre eigenen Familien und möchten zeigen, wer zu ihnen gehört, mit wem sie leben. Geben Sie den Kindern die Gelegenheit, mehr über die Familien und das Zuhause der anderen zu erfahren und darüber zu philosophieren.

Das brauchen Sie:
- Jedes Kind bringt einige Fotos mit – von seiner gesamten Familie, von einzelnen Familienmitgliedern, von Haustieren, von der Wohnung bzw. der Wohnumgebung.
- Notizzettel in der Anzahl der Kinder – die eine Hälfte in Grün, die andere in Blau

So geht es:

Verteilen Sie die Notizzettel an die Kinder. Jedes Kind, welches einen blauen Zettel bekommt, sucht sich einen Platz im Raum und breitet die mitgebrachten Fotos vor sich aus. Die Kinder mit den grünen Zetteln „besuchen" nun die Kinder mit den Fotos. Dabei gehen sie von Kind zu Kind, sehen sich deren Familienfotos an und lassen sich einiges erklären, z. B.: Wer ist auf den Fotos? Wer gehört also zu der Familie? Wo lebt die Familie? Hat sie ein Haustier? usw. Wurden alle Kinder „besucht", werden die Rollen nach dem gleichen Muster getauscht.

Treffen Sie sich anschließend alle in einem Sitzkreis. Stellen Sie den Kindern nun folgende Fragen:

- Sind alle Familien, ist jedes Zuhause gleich?
- Wo gibt es Gemeinsamkeiten? Welche Unterschiede wurden entdeckt?
- Können zu einer Familie auch andere Menschen außer Papa, Mama und Kinder gehören?
- Was bedeutet „Hier bin ich zu Hause" für dich?

Familie früher – Familie heute

Es gibt keine allgemeingültige Antwort auf die Frage: Wie waren Familien – bzw. wie war die Familie – früher im Gegensatz zu heute? Familiensysteme waren und sind individuell. Die meisten Kinder haben aber durchaus bestimmte Vorstellungen davon. Geben Sie ihnen die Gelegenheit, darüber zu sprechen. Auf diese Weise erfahren sie die Wertschätzung ihrer Ideen und gleichzeitig die Meinungen der anderen zu diesem Thema. Wichtig beim gemeinsamen Philosophieren: Alle Antworten sind richtig. Niemand wird für seine Einschätzung ausgelacht.

Das brauchen Sie:
- Familienfotos aus Zeitschriften oder aus den Familienalben der Kita-Familien von heute und von früher
- einen Redestein

So geht es:

Legen Sie in die Mitte eines Sitzkreises den Redestein und die gesammelten Familienbilder. Die Kinder dürfen nun die Bilder nach „früher" und „heute" sortieren. Anschließend stellen Sie ihnen folgende Fragen:

- Was ist eurer Meinung nach auf den Fotos zu sehen?
- Was meint ihr, wann war „früher"?
- Woran erkennt ihr, dass ein Bild von früher ist und das andere von heute?
- Wie war eine Familie früher? Wie ist eine Familie heute?

Wenn ein Kind antworten möchte, nimmt es den Redestein in die Hand. Hat es die Frage beantwortet (natürlich aus seiner Perspektive bzw. entsprechend seinen Erfahrungen sowie seinem kulturellen und familiären Kontext), legt es den Stein zurück. Wenn ein anderes Kind etwas dazu sagen möchte, wartet es, bis der Stein wieder in der Mitte liegt, und holt ihn sich zuerst, bevor es erzählt.

Haben sich die Kinder mit allen Fragen auseinandergesetzt, beenden Sie die Philosophierunde mit einer kurzen Zusammenfassung des Gesagten.

Tipp:

Runden Sie das Philosophieren mit einer gemeinsamen Mal-Aktion ab, wenn Sie mögen. Jedes Kind malt sein Familienbild.

Freie Impulse

Mein Familienkreis und mein Verwandtenkreis

Jede Familie besteht aus einem engsten Familienkreis (z. B. Eltern und Kind) und einem erweiterten Verwandtenkreis (Opas, Omas, Onkel, Tanten usw.). Dass beide Familienkreise ein buntes, stimmiges Bild ergeben, können die Kinder am Ende dieser Aktion erkennen.

Das brauchen Sie:
- ○ Legematerialien wie Muggelsteine, Glassteine, Perlen, Filzstücke, Holzstücke usw.
- ○ evtl. Fotos oder Zeichnungen, um den Unterschied zwischen dem Familienkreis und dem Verwandtenkreis zu verdeutlichen
- ○ evtl. eine CD mit meditativer Musik

So geht es:

Bilden Sie zunächst einen Sitzkreis, um mit den Kindern die Bedeutungen „(enger bzw. kleiner) Familienkreis" und „(großer) Verwandtenkreis" zu klären. Fotos oder Zeichnungen können Ihnen dabei helfen; oder die bereitgestellten Legematerialien. Mit den Legematerialien können Sie exemplarisch einen kleinen Kreis für den engen Familienkreis legen (z. B. Vater, Mutter, Kind; oder Mutter, Kind) und einen großen für den Verwandtenkreis (z. B. Oma, Opa, Tante, Onkel). Der große Kreis umschließt dabei den kleinen. Danach dürfen die Kinder ihre Gedanken dazu äußern.

Anschließend setzen sich die Kinder so auf den Boden, dass sie eine ausreichend große Legefläche haben. Verteilen Sie das Legematerial leicht zugänglich im Raum. Zu den Klängen der meditativen Musik kann nun jedes Kind ein Legebild zu seinem engen Familienkreis und seinem großen Verwandtenkreis legen. Hat jedes Kind sein Bild beendet, sehen Sie sich gemeinsam alle Legebilder an und sprechen Sie bei Bedarf darüber.

Tipp:

Fotografieren Sie die Legebilder und/oder lassen Sie sie liegen, sodass die Eltern sie ansehen können.

Unsere Familiengeschichte – Kinder erzählen gemeinsam

Eine Geschichte, die sich mehrere Kinder gemeinsam ausdenken – das erfordert viel Konzentration und Kreativität. Im kleinen Kinderkreis kann es gelingen. Und es kann ein wundervolles Ergebnis dabei herauskommen.

Das brauchen Sie: ○ evtl. Schreibmaterialien zum Mitnotieren der Geschichte

So geht es:

Die Kinder bilden einen Sitzkreis. Beraten Sie gemeinsam mit ihnen, welches Thema ihre Familiengeschichte haben soll. Empfehlenswert sind Begebenheiten aus dem Alltag der Kinder – eine Familienfeier, der Familienurlaub oder ein Familienausflug am Wochenende. Am besten geben Sie einen Einstiegssatz vor, dann fällt der Start leichter, z. B.: „Wir hatten einmal eine tolle Familienfeier …"; oder: „Ganz toll sind unsere Familienausflüge zum …". Ein Kind beginnt und reihum spinnen die anderen Kinder die Geschichte weiter. Berücksichtigen Sie dabei Folgendes:

○ Jedes Kind sollte sich auf einige Sätze beschränken. Geben Sie jedoch keine zu strenge Redebegrenzung vor.

○ Vereinbaren Sie vorab ein Zeichen dafür, dass das erzählende Kind zu Ende kommen sollte.

○ Möchte ein Kind nichts sagen (weil es prinzipiell nicht mag oder einfach nicht weiterweiß), ist sein Nachbarkind dran. Wenn das Kind es möchte, darf es zum Schluss erzählen.

○ Ist die Geschichte fertig, beenden Sie mit einem abschließenden Satz die Erzählrunde.

Tipp:

Eine Bereicherung für jedes Portfolio: Schreiben Sie die Familiengeschichte wortgetreu mit, bebildern und kopieren Sie sie.

Freie Impulse

2 Basteln und Gestalten

Eine Familienkette basteln

Die Mitglieder einer Familie sind wie Kettenglieder miteinander verbunden. Eine selbst gebastelte „Familien-Kette" kann das besonders gut veranschaulichen. Und weil die Familien der Kinder unterschiedliche und verschieden viele Mitglieder haben, wird jede Familienkette anders aussehen.

Das brauchen Sie:
- ○ für jedes Kind ein DIN-A4-Blatt und eine Schere
- ○ Stifte
- ○ Kleber

So geht es:

Die Kinder schneiden ihre Blätter in Streifen. Sie benötigen einen für jedes Mitglied ihrer Familie – auch für sich selbst. Auf jeden Streifen malen sie das Bild eines Familienmitgliedes (oder schreiben dessen Namen auf). Der Papierrand muss frei bleiben.

Anschließend wird der Streifen mit dem eigenen Bild (oder Namen) zu einem Ring zusammengeklebt – indem ein schmales Papierende mit Kleber bestrichen und das andere Ende darauf gepresst wird. Der nächste Streifen wird durch den fertigen Ring gezogen und seinerseits zu einem Ring zusammengeklebt. Nach und nach werden auf diese Weise alle Familienmitglieder miteinander verbunden. Der letzte Streifen verbindet schließlich den ersten und den letzten Ring.

Tipp:

Die fertigen Familienketten können die Kinder z. B. als besondere Dekoration zu Hause ans Fenster ihres Kinderzimmers hängen.

Welche Familie gehört zu dir?

Wie sieht Pauls Mama aus? Hat Nina einen Bruder oder eine Schwester? Wie groß ist Leilas Familie? Kinder interessieren sich für die Familien ihrer Freunde. Basteln Sie gemeinsam ein Familien-Ratespiel, damit jedes Kind die Familien der anderen spielerisch kennenlernen kann.

Das brauchen Sie:
- Jedes Kind bringt ein Foto von sich selbst und eines von seiner Familie mit.
- zwei quadratische Kartonkarten pro Kind
- Kleber
- evtl. ein Laminiergerät und Laminierfolien
- ein Schuhkarton

So geht es:

Jedes Kind bekommt zwei quadratische Kartonkarten. Auf die eine Karte klebt es sein eigenes Foto und auf die andere sein Familienfoto. Die überstehenden Fotoränder werden abgeschnitten. Am besten laminieren die Kinder ihre zwei Bilderkarten, so halten sie länger. Legen Sie anschließend alle Karten in den Schuhkarton – fertig ist das Familien-Ratespiel.

Das Spiel kann wie folgt gespielt werden: Die Kinder verteilen verdeckt alle Karten und mischen sie. Ein Kind nach dem anderen deckt dann zwei Karten auf. Hat ein Kind ein passendes Paar gefunden (also das Foto eines Kindes und das seiner Familie) und es als zusammengehörend erkannt, darf es die Karten behalten. Anschließend ist das nächste Kind an der Reihe. Gewonnen hat das Kind mit den meisten gesammelten Bilderpaaren.

Freie Impulse

Mein Familien-Mobile

In einer Familie ist immer Bewegung – buchstäblich, aber auch im übertragenen Sinn. Denn, wenn sich ein Familienmitglied verändert, verändern sich alle anderen ein bisschen mit. Diese Bewegung kann anschaulich und spielerisch mit einem Mobile verdeutlicht werden. Wie bei einer Familie auch, sind hier alle Bestandteile miteinander verbunden und hängen somit in ihrer Bewegung voneinander ab.

Das brauchen Sie:
- ○ Jedes Kind bringt Deckel von Babybrei-Gläschen in der Anzahl seiner Familienmitglieder mit sowie ein Foto von jedem Familienmitglied.
- ○ Scheren
- ○ Kleber
- ○ einen Dosenlocher
- ○ Faden
- ○ pro Kind Rundhölzer (von ca. 5 mm × 25 cm) entsprechend der Anzahl seiner Familienmitglieder und einen Haken
- ○ Acrylfarben und Pinsel

So geht es:

Wer möchte, kann vorab die Außenseiten seiner Deckel mit Acrylfarben bemalen, sodass die ursprüngliche Schrift verdeckt wird. Ist die Farbe getrocknet, kann es losgehen: Jedes Kind schneidet die Fotos seiner Familienmitglieder auf die Größe der Innendeckel zu und klebt jedes Foto in einen Deckel. Stechen Sie mit dem Dosenlocher in jeden Deckel ein Loch. Die Kinder fädeln ein Stück Faden hindurch und verknoten ihn. Jeder fertige „Fotodeckel" wird fest an das untere Ende eines Rundholzes gebunden. Anschließend die einzelnen Rundhölzer lose aneinanderbinden: Indem ein Faden in der Mitte eines Holzes befestigt und ein anderes Rundholz, ebenfalls mittig, lose damit verbunden wird. Schließlich am oberen Ende eines jeden Rundholzes einen weiteren Faden verknoten, alle Fäden zusammenführen und an einen Haken befestigen.

Tipp:

Am besten hängt ein Mobile in der Nähe eines Heizkörpers. Die warme Luft wird es hin und her schaukeln lassen.

Die Kopffüßler-Familien

Bei dieser Aktion denkt sich jedes Kind eine Fantasiefamilie aus und bastelt sie nach.

Das brauchen Sie:
- ○ runde Bierdeckel
- ○ Reste von: Wolle, Tonpapier, Filz, Bast, Perlen u. Ä.
- ○ Kleber
- ○ Filzstifte
- ○ farbige Tonpapierkreise in der Größe der Bierdeckel

So geht es:

Die Kinder bekommen Bierdeckel in der Anzahl der Familienmitglieder, die sie gestalten möchten. Auf jeden Deckel kleben sie einen Tonpapierkreis in der Farbe ihrer Wahl. Die Familienmitglieder dürfen nun nach Lust und Laune gestaltet werden – mit mehr oder weniger (aufgeklebten) Wollhaaren, mit ausgeschnittenen und aufgeklebten Augen, mit einer aufgemalten Nase und einem aufgemalten Mund.

Anschließend suchen sich die Kinder für jeden Bierdeckel zwei lange Wollfäden aus (ca. 15 cm) – die Kopffüßler bekommen Beine. Die Fäden werden an der Rückseite des Bierdeckels festgeklebt. Um sie zu beschweren, am unteren Ende jeweils eine Perle anknoten: Fertig sind die Kopffüßler mit Perlenschuhen!

Tipp:

Hängen Sie die Kopffüßler nach Familien sortiert in Kinderhöhe auf, damit sie bewundert werden können.

Freie Impulse

3 Musik und Gedichte

Klatschen im Takt

Wie man sich in einer Familie fühlen kann, aufgehoben, geborgen, verstanden oder getröstet, können Kinder spielerisch mit einem rhythmischen Klatschvers ausdrücken.

So geht es:

Sprechen Sie gemeinsam mit den Kindern folgenden Vers. Dabei klatschen Sie bei jeder Silbe abwechselnd auf die Oberschenkel und in die Hände.

All das kann Familie sein

Zu-sam-men la-chen und sich freu'n –
all das kann Fa-mi-lie sein.

Ge-mein-sam to-ben, Lie-der hör'n,
bei mir zu Hau-se bin ich gern.

Zu-sam-men la-chen und sich freu'n –
all das kann Fa-mi-lie sein.

Bin ich trau-rig, brauch ich Ruh,
ihr hört mir dann im-mer zu.

Zu-sam-men la-chen und sich freu'n –
all das kann Fa-mi-lie sein.

Du und ich und ich und ihr,
die Fa-mi-lie, das sind wir.

Zu-sam-men la-chen und sich freu'n –
all das kann Fa-mi-lie sein.

Mein Papa klingt wie ein Xylofon

Kinder im Kita-Alter sind noch besonders stark im sogenannten „Magischen Denken" verhaftet. Dementsprechend fällt es ihnen leicht, Fragen zu beantworten, mit denen sich die meisten Erwachsenen schwertun, z. B.: Wie riecht Gelb? Wie schmeckt der Sommer?

Wie lauten wohl ihre Antworten auf die Frage: Wie klingen deine Familienmitglieder?

Das brauchen Sie:
- ○ verschiedene Orff-Instrumente: Xylofon, Klangstäbe, Fingerzimbeln, Schellenring, Triangel, Holzblocktrommel, Handtrommel, Rasseln
- ○ weitere Instrumente, z. B.: Regenmacher, selbst gebaute Rasseln aus mit Kieselsteinen gefüllten Plastikflaschen usw.

So geht es:

Jedes Kind sucht sich mehrere Instrumente aus – entsprechend der Anzahl seiner Familienmitglieder. Die Aufgabe lautet: Jedes Instrument stellt ein Familienmitglied dar (also auch das Kind selbst). Die Kinder müssen sich also vorab überlegen, wie für sie jedes einzelne Familienmitglied klingt, auch wie sie selbst klingen. Geben Sie ihnen Zeit dafür, ebenso für das Anspielen der Instrumente, damit sie ihre Auswahl gründlich treffen können.

Setzen Sie sich anschließend mit den Kindern auf den Boden und bilden Sie einen Kreis. Alle legen die ausgesuchten Instrumente vor oder neben sich. Erzählen Sie nun den Kindern eine kleine, frei erfundene Geschichte: Alle ihre Familienmitglieder treffen sich zu einem großen, gemeinsamen Essen. Jedes Mal, wenn Sie beim Erzählen das Familienmitglied eines Kindes erwähnen („Timos Mama sagte dann ..."), spielt das jeweilige Kind das für dieses Familienmitglied ausgesuchte Instrument an (hier: Timo spielt Mamas Instrument).

Tipp:

Als Abschluss dieser besonderen Klanggeschichte spielen alle Kinder gemeinsam das Instrument an, welches sie selbst verkörpert.

Freie Impulse

Ich schenk euch ein Gedicht

Den meisten Kindern macht es Spaß, Gedichte vorzutragen. Das ist auch ein schönes Geschenk zum Mutter- oder Vatertag. Sind sie kurz und altersgerecht, können die Gedichte leicht auswendig gelernt werden.

So geht es:

Lesen Sie das Gedicht zuerst vor. Dann sprechen Sie vorerst nur den Kehrvers gemeinsam mit den Kindern. Die Strophen können im nächsten Schritt gelernt werden.

Mit euch macht alles Spaß

Mit euch macht alles Spaß!
Am Morgen: Kissenschlacht – ein Muss, Zähneputzen, Abschiedskuss.
Doch ohne euch – wisst ihr was?

   Kehrvers

Ohne euch, da gäbs kein Lachen, Reden, Bummeln, Blödsinn machen.
Meine Welt, die wäre krumm.
Ohne euch wär alles dumm.

Mit euch macht alles Spaß!
Mittags: Lecker Mittagessen, zusammen spielen nicht vergessen.
Doch ohne euch – wisst ihr was?

   Kehrvers

Ohne euch, da gäbs kein Lachen …

Mit euch macht alles Spaß!
Abends auf dem Sofa kuscheln, Bettgeschichte, Haarewuscheln.
Doch ohne euch – wisst ihr was?

   Kehrvers

Ohne euch, da gäbs kein Lachen …

Tipp:

Sie können den Text auch zwischen den Kindern aufteilen; oder ihn von mehreren Kindern gleichzeitig sprechen lassen.

Was kann deine Familie?

Bei diesem Singspiel werden fiktive Familienmitglieder durch charakteristische Handlungen dargestellt. Diese sind exemplarisch zugeschrieben, sie können jedoch anders zugeordnet oder es können neue erfunden werden.

So geht es:

Im Kinderkreis werden sieben Kinder zu bestimmten „Familienmitgliedern" ausgewählt. Für das Singspiel gehen sie in der Mitte hintereinander im Kreis herum, während die Gruppe den folgenden Text zu der Melodie von „Hoch am Himmel, tief auf der Erde" singt. Wenn ein Familienmitglied eine Handlungsanweisung vormacht, (stampfen, tanzen, hüpfen etc.), machen alle Kinder mit.

In dem Kreise

In dem Kreise, in dem Kreise, geht heut die Familie.
Jetzt ist gleich der Opa dran und zeigt uns, was er kann:
„Stampf, stampf, stampf, stampf …"

In dem Kreise, in dem Kreise, geht heut die Familie.
Jetzt ist gleich die Oma dran und zeigt uns, was sie kann:
„Strick, strick, strick, strick …"

In dem Kreise, in dem Kreise, geht heut die Familie.
Jetzt ist gleich der Papa dran und zeigt uns, was er kann:
„brumm, brumm, brumm, brumm …"

Tipp:

Beispiele für weitere Handlungen: Mama kann tanzen, der Bruder boxen, die Schwester hüpfen und das Baby krabbeln.

Freie Impulse

Freie Impulse

4 Spielen

Der Familienausflug – ein verzwicktes Merkspiel

Wer kann zu einer Familie gehören? Mama, Papa, Bruder, Schwester, Oma, Onkel, Tanten …; auch Hund und Katze? Den Kindern fallen bestimmt viele Familienmitglieder ein. Sprechen Sie vor Spielbeginn gemeinsam darüber.

So geht es:

Bilden Sie einen Sitzkreis und erzählen Sie den Kindern, dass Sie gemeinsam einen fiktiven Familienausflug machen werden, an dem alle Mitglieder einer Familie teilnehmen dürfen, die hier genannt werden. Fangen Sie mit folgendem Satz an: „Zum Familienausflug nehme ich *meinen Hund* mit." Ihr Nachbarkind wiederholt den Satz bis zu dem von Ihnen genannten Familienmitglied und nennt gleich dahinter ein weiteres: „Zum Familienausflug nehme ich *meinen Hund und meine Mama* mit." Das nächste Kind greift den nun längeren Satz auf und nimmt ein weiteres Familienmitglied dazu – usw., bis alle Kinder einmal an der Reihe waren.

Tipp:

Hat ein Kind Schwierigkeiten, sich die genannten Familienmitglieder in dem immer länger werdenden Satz zu merken, helfen alle mit.

Durcheinander im Zoo

Im Zoo ist ein großes Durcheinander ausgebrochen! Alle Käfige stehen offen und die Tiere laufen frei herum. Nun müssen die Familienväter für Ordnung sorgen und ihre Familien um sich versammeln.

Das brauchen Sie:
- ○ Reifen (oder zu Ringen gelegte Seile)
- ○ eine Musik-CD

So geht es:

Die Kinder bilden „Familien" aus jeweils vier Mitgliedern: Vater, Mutter und zwei Kinder. Sechzehn Kinder können z. B. eine Tigerfamilie, eine Elefantenfamilie, eine Eselsfamilie und eine Schlangenfamilie bilden. Jede

Familie vereinbart einen typischen Laut für sich. Verteilen Sie anschließend einen Reifen für jede Familie im Raum.

Sie vergeben die Rollen der einzelnen Familienmitglieder – allerdings geheim, indem Sie jedem Kind die entsprechende Rolle ins Ohr flüstern. Zur Musik laufen dann alle Kinder frei im Raum herum. Wenn die Musik stoppt, springt jeder Familienvater in einen freien Ring und ruft mit dem ausgemachten Tierlaut seine Familie zu sich. Gewonnen hat die Familie, die sich zuerst im Ring versammelt.

Der Familienausflug – eine Mitmachgeschichte

So geht es:

Die Kinder stellen sich im Kreis auf und Sie verteilen die Familienrollen: Opa, Oma, Papa, Mama, Kind – und weitere Mitglieder, je nach Anzahl der Kinder. Berücksichtigen Sie beim Erzählen die zusätzlichen Mitglieder entsprechend.

Dann erzählen Sie die unten aufgeführte Geschichte. Jedes Kind muss dabei genau hinhören: Wenn seine Rolle genannt wird, steht es auf, dreht sich einmal um sich selbst und setzt sich wieder. Die Tiere aus der Geschichte werden von allen Kindern durch entsprechende Tierlaute dargestellt. Passen Sie die Erzählgeschwindigkeit den Reaktionen der Kinder an.

Ein Familienausflug an den See

Mama, Papa und ihr Kind wollen heute einen Badeausflug an den See machen. Das Kind schlägt vor, Oma und Opa mitzunehmen. Bald fahren also Opa, Oma, Papa, Mama und das Kind mit dem Auto los. Doch kurz vor dem Parkplatz muss Papa anhalten. Ein großer Frosch sitzt mitten auf der Straße! Papa hupt. Mama, das Kind, Oma und Opa machen sich Sorgen. Der Frosch nicht. Ganz langsam hüpft er ins Gebüsch. Nachdem Papa eingeparkt hat, springt das Kind aus dem Auto und läuft zum Wasser. „Halt!", ruft Mama. „Die Schwimmflügel anziehen!"

Während das Kind planscht, bereiten Oma und Papa ein leckeres Picknick vor. Opa und Mama liegen in ihren Liegestühlen und sehen dem Kind zu. Plötzlich watschelt eine Entenschar heran und macht sich über das Picknick her. Erst nach einer Weile sehen Opa, Papa, Oma und Mama, was dort passiert, und springen auf. Auch das Kind kommt angelaufen. Von Omas leckerem Essen ist kein Krümel mehr übrig geblieben! Die Enten haben alles aufgefressen.

Die Familie hat aber Hunger. Also packt sie alles wieder ein. Oma, Opa, Papa, Mama und das Kind setzen sich ins Auto und fahren nach Hause zum Essen.

Wie war es früher? – mein erstes Interview

Das Familienleben verändert sich von Generation zu Generation. Für die Kinder ist es sicher lustig oder staunenswert, was Mama, Papa, Oma oder Opa früher gespielt und gelernt haben. Das – und noch viel mehr – dürfen die Kinder in einem selbst geführten Interview erfragen.

Das brauchen Sie: ○ Interviewblätter mit den vorbereiteten Fragen
○ Einladungen für die Interviewpartner

So geht es:

Jedes Kind überlegt sich zunächst, wen es befragen möchte. Besprechen Sie dann gemeinsam, was die Kinder von ihren Interviewpartnern erfragen könnten, z. B.: Welches war dein Lieblingsspielzeug? Warst du im Kindergarten? Was hast du am liebsten gespielt? Hast du auch einmal etwas angestellt? Gestalten Sie gemeinsam die Einladungen und vereinbaren Sie anschließend Einzeltermine mit den Familienmitgliedern.

Setzen Sie sich während eines Interviews mit dem Kind und seinem Interviewpartner in einen ruhigen Raum. Das Kind stellt die besprochenen Fragen und Sie halten die Antworten schriftlich fest.

Tipp:

Das Interviewprotokoll ist eine Bereicherung für jedes Portfolio.